<<『文章の鬼100則』 正誤表 >>

9ページ　14行目

誤　できようになっている　　正　できるようになっている

177ページ　6行目、14行目

誤　二酸化酸素　　正　二酸化炭素

235ページ　11行目

誤　姿を魅せる　　正　姿を見せる

243ページ　2行目

誤　あんないこと　　正　あんないいこと

245ページ（参考図書・文献）　5行目

誤　PHP出版　　正　PHP研究所

文章の鬼100則

川上徹也
Tetsuya Kawakami

明日香出版社

想像してほしい。

もし、あなたの書いた文章が、
あなたの分身（アバター）となって
知らない間に自ら働いてくれ、
お金まで稼いでくれるとしたら。
もちろん、あなたが眠っている間にも。

夢のような話だと思うかもしれない。
しかし、夢物語ではない。

まえがき

「働く文章」というアバターをあなたへ

この本を手に取ってくれたあなた！　もし、あなたが……

「相手の心をグッと動かす文章を書きたい」
「その結果、相手を行動に向かわせて結果を出したい」
「あわよくば、文章が勝手に働いてくれて、お金を稼ぎたい」

そう思ってこの本を手に取ってくれたのならば幸いだ。本書はまさに、そんなあなたのために書かれた本であるから。

しかし万が一、あなたが、

「正確に伝わる文章や論文を書く時の参考にしたい」
「うまいねと褒められる美文が書きたい」
「SNSで、『いいね！』がたくさん集まるコツが知りたい」
「おもしろいエッセイや小説を書きたい」

そう思って、この本を手に取ったのだとしたら、買うのはちょっと待ってほしい。本書はそのような文章の書き方についての本ではないからだ。

また、初歩的な文章の書き方を手とり足とり教えるような親切な本でもない。

そのような本を求めているとしたら、慌ててレジに持っていかない方がいい。

本書は「正確な文章」「伝わるだけの文章」について書いた本ではない。

「働く文章」を書きたいあなたに向けて書かれた本である。

「働く文章って何？」と思った方も多いはずだ。

そんなあなたのために「働く文章」について解説しよう。

考えてみてほしい。ビジネスで結果を出すためにはどうしたらいいか？

それは、**あなたが仕事で対峙する相手を本気にさせる**ことだ。

ほとんどの仕事は一人ではできない。上司、部下、得意先、取引先、顧客など、相手があなたの提案に納得して採用し、本気になって実行しようとしてくれれば、結果はおのずとついてくる。

この時、あなたが書く文章が、結果に大きな影響を与える。「正確な文章」「伝わるだけの文章」が書けるだけでは不十分だ。

必要となるのは以下のような文章である。

・タイトルや見出しを見るだけで中身が読みたくなる
・冒頭の1行目からどんどん引き込まれていく
・相手の心に働きかけ、本気にさせ、気持ちを鼓舞する
・時にはあなたが扱う商品をどうしても欲しい気持ちにさせる

つまり、働くあなたの懐刀になるような存在、それが「働く文章」だ。

プレゼンに勝つ。企画書を通す。メールで依頼する。

ＥＣサイト・ＤＭ・チラシ・セールスレター・ＰＯＰなどで商品を売る。

プレスリリースを送って記事にしてもらう。

ウェブサイトで企業の紹介をして学生たちに働きたいと思わせる。

原則はすべて同じだ。「相手の心を文章でグッと動かし、その結果、相手を行動に向かわせる」というプロセスが必要となってくる。

この時、「**コピーライティングの技術**」と「**心理学の知識**」が役に立つ。

働くあなたが「働く文章」という強力な武器を手に入れることができれば、あなたのビジネス人生は大きく拓けるだろう。

あなたが眠っている間にも

「働く文章」には、もう一つの意味がある。

「自ら勝手に働いてお金を稼いでくれる文章」ということだ。

想像してほしい。もし、あなたの書いた文章が、知らない間に自ら働いてくれて、お金まで稼いでくれるとしたら。あなたが眠っている間にも。

夢のような話だと思うかもしれない。しかし、夢物語ではない。

たとえば私は、コピーライターとしてさまざまな会社や団体の「川上コピー（経営理念を旗印として1行に凝縮したフレーズ）」を書いてきた。もちろんその時点で、相応のフィーを頂戴している。

しかしその1行の働きは、その時だけに限らない。

「川上コピー」は、経営の一番上流にあるフレーズという性質上、長い年月使われることが多い。そのおかげで、経営者が何かの時に私を思い出してくれ、新たな案件の依頼が来る。他社の経営者を紹介してくれる。勝手にずっと働き続けてくれているのだ。

書籍やネットで執筆した文章も、長い期間ずっと働き続けてくれている。五年前十年前に書いた本や記事を読んで、講演やコンサルティングの依頼をいただくことも珍しくない。もちろん、新たな本の執筆の依頼も来る。

私が書いた文章は、その時点で提案する相手の心を動かし結果を出してくれた。さらにその後ずっと、休むことなく自ら働き続けてくれ、お金を稼いでもくれるのだ。

このように、その場だけではなく、ストックされていき未来にも残るのが、「話し言葉」にはない「文章」の最大の強みだ。

「働く文章」を書けるということは、いつでもあなたの側にいて決して裏切ることのない使える分身（アバター）を持つようなものだ。

そのアバターは、ビジネスで対峙する相手の心を動かし行動に向かわせるばかりではなく、あなたの知らないところで勝手に働いてお金を稼いでくれさえする。

話し言葉は、話し手のキャラクターに大きく依存する。いくらいいことを言っても、オドオドと自信なさそうに語ったら説得力を持たない。

それに比べ文章は、あなたの性格や見た目の影響を受けない。たとえ実際のあなたにオーラがなくても大丈夫だ。

もう一度だけ、想像してほしい。

「働く文章」が書けるようになった時のあなたの姿を。

相手を本気にさせる懐刀をもって、仕事相手に対峙できるようになっている。

過去に書いた文章が、あなたの分身のように勝手に働き、稼いでくれている。

その時、あなたはどんな風に働き、どんな生活を送っているだろう?

断言しよう。

どんな時代になっても、「働く文章」を書く技術があれば、生きていける。

たとえ明日会社がなくなっても、大丈夫だ。

もちろん、「この本を一読しただけで働く文章がスラスラ書けるようになります」なんて安請け合いはしない。

即効性のある枝葉のテクニックだけを集めた本ではない。

しかし、この本を買うだけでも「種」を植えたことになる。

さらに本気で読めば、その「根っこ」の部分の考え方は身につくはずだ。

100ある項目のうち、10でもいい。きちんと実践してくれたら、あなたの文章は変わり始める。

きちんと「根」を張ることができれば、やがて「芽」が出てくる。

その頃、もう一度本書を読んでほしい。「芽」が出る前には理解できなかったことも理解できるようになっているだろう。

さらに辛抱強く育てていけば、「芽」は「幹」になる。

そこから「枝」を広げ、「葉」を繁らせていけば、あなたの人生は大きく変わる。

やがて「花」が咲き、大きな「実」を収穫することもできるだろう。

最初に種を植えなければ、何年たっても花を咲かせることも、実を収穫することもできない。


最後にもう一度、聞く。

あなたは、本気で「働く文章」を書きたくなっただろうか？

なったとしたら、早速始めよう。

私は喜んで鬼になる。

あなたが「働く文章」を書けるようになるまで。

※「鬼」とは？
①仏教、陰陽道に基づく想像上の怪物。
人間の形をして、頭には角を生やし、口は横に裂けて鋭い牙を持ち、裸で腰にトラの皮のふんどしを締める。

性質は荒く、手に金棒を握る。
② ①の意から派生して
・勇猛な人。「鬼の弁慶」
・冷酷で無慈悲な人。「心を鬼にする」
・ひとつの事に精魂を傾ける人。「仕事の鬼」「文章の鬼」

文章の鬼100則　もくじ

まえがき

第1章 Premise ～鬼前提～

第2章 Principl ～鬼原則～

第3章 Skill ～鬼技術～

(1)「ワンメッセージ」の作り方 41-50

（2）タイトル・見出し・キャッチコピーなど、
冒頭の1行目でのツカみ方51-60

（3）文章を豊かにするレトリック　61-68

（4）文章全般で使える技術　69-80

第4章 Psychology ～鬼心理～

第 5 章 Theory ～鬼法則～

◎カバーデザイン　西垂水敦・市川さつき（krran）

第 1 章

Premise
～鬼前提～

大きな旅立ちというものは、書物の、第一行目の文章のように、重要なものなのだよ。その一行が、この一瞬が、すべてを決定づけるんだ。

ムーミンパパ

ヘッドラインには常に新しい情報を入れることを心がけよ。

デイヴィド・オグルビー

文章を書くのに（一字一句もゆるがせに出来ないのは言うまでもないが）、ことに大切なのは、題名、書き出し、結び、この三つである。

太宰治

鬼100則 01

タイトル・見出しは文章の顔

あなたが書く文章は、本気で読まれているだろうか?

それは本文を読む前にもう決まっている。決め手となるのは、タイトル・見出し、キャッチコピーなど、本文の前にある1行だ。まずその1行で読み手の心をツカみ、読んでみたいと思わせる必要がある。膨大な情報があふれている現在社会においては、読み手はその1行だけを見て、本文を読む価値があるかどうかを判断するからだ。

タイトル・見出し、キャッチコピーなど、本文の前にある1行は、いわば文章の顔である。人の第一印象が顔で判断されるのと同じように、文章もまず顔で判断される。

顔がないのは論外だ。何について書いてある文章か分からないので、読む気がしない。いかなる文章にも、タイトルや見出しをつける習慣をつけよう。

顔があっても、いかにもつまらなさそうだったらどうだろう?

読み手は「本文もつまらないだろう」と判断する。そんな文章をわざわざ読んでくれる暇な人はいない。みんな忙しいのだ。

本文を読もうと思ってもらうには、できるだけあなたが書く「文章の顔」を魅力的に見せる必要がある。

第3章では、タイトル・見出し・キャッチコピーなど「文章の顔」の磨き方について、その具体的な手法をいくつも紹介していく。

ただし、顔だけを磨きすぎるのも考えものだ。いくら顔に惹きつけられても、中身がスカスカだと余計にがっかりしてしまう。

冒頭でツカみさえすれば、中身の文章は何でもいいというわけではない。タイトルと中身があまりに乖離《かいり》していると、読者はバカにされたように感じる。

たとえばネットニュースで、タイトルに興味をそそられてクリックして、中身を読んでみると全然違った文章が書かれていたとしたら、どう思うだろう？

まるで自分が釣られた魚のような気分になり、激しく後悔して怒りさえ感じるはずだ。

これを個人や会社がやると、信頼の失墜につながる。

顔に見合う、文章の中身がなければならない。

鬼100則 02

なぜ書くの？

あなたが文章を書く前に、必ず考えてほしいことがある。

それは、「何のためにその文章を書くのか」ということだ。

読んだ人にどう感じてもらいたいのだろう？

どのような行動をとってもらいたいのだろう？

どのような結果が欲しいかによって文章の書き方は大きく変わる。

まずその文章を書く目的を明確にしよう。英語で言うと「ＷＨＹ」の部分だ。それが決まらないと「ＷＨＡＴ」や「ＨＯＷ」に話が進まない。

にもかかわらず、この「ＷＨＹ」が決まらないうちに書き始める人が多い。文章の達人ならばそれでもうまく書けるかもしれない。趣味の文章ならそれでいい。

しかしビジネスシーンでそれは許されない。行き場所を決めずに出張に行くようなものだ。「どこに行くかは決めていませんがとりあえず出張に行ってきます」が通用する会社はまずないだろう。

たとえば、あなたが東京で働いているとする。大阪に出張するという目的地が決まって初めて、何で行くか（新幹線・飛行機・高速バス等）という「WHAT」が決まり、どのように行くか（日帰りか一泊か、自由席か指定席か等）という「HOW」の話になってくる。

あなたがその文章を書く目的は何なのか、まずはそれをはっきりさせよう。

情報をきちんと伝えることなのか。お願いを聞いてほしいのか。

紹介する商品を買ってほしいのであれば、読み手が買いたくなる内容で、その気持ちがさらに湧き上がるような方法で書く必要がある。

文章を書く目的が決まれば、書かなければいけない事柄や、どのように書けばいいかを考えていくことができる。逆に「目的」を決めずに書き出してしまうと、結局、何が言いたいのかよく分からない文章になってしまう可能性が高い。

その文章を読んだ人にどんな風に感じてほしいのか？

その文章を読んだ人にどのような行動を取ってほしいのか？

まずはそれを決めてから書き始めよう。

それが「働く文章」を書くための第一歩だ。

鬼100則 03

すべてはワンメッセージのために

「なぜ書くのか？（ＷＨＹ）」を考えたら、次は「何を書くか？（ＷＨＡＴ）」だ。

言い換えると「伝えるべきメッセージ＝テーマ」を決めるということだ。働く文章を書く上で、最も頭を使う大切なポイントだと言える。


その時、いろいろなことを伝えようとすると、結局何も伝わらないことになる。

相手の心に強く刺さり、気持ちを動かすためには、メッセージはひとつに絞るべきだ。

そして、その「ワンメッセージ」を伝えることにすべての精力を注ぐのだ。

企画書・プレゼン・メール・広告・ウェブサイト・セールスレター・プレスリリースなどのビジネス文章はすべて「ワンメッセージ」に絞る。


さらに書籍のようなまとまったコンテンツであっても、一冊で伝えるべきことは「ワンメッセージ」に絞るのが理想だ。書籍では、そのワンメッセージを伝えるために、十万字以上を使う。実用書であれば、いろいろな角度からアプローチしてさまざまな実例をあげていく。小説やノンフィクションであれば、そのワンメッセージを伝えるためにストーリーを紡いでいくのだ。

たとえば本書には、１００の項目がある。当然、１００のメッセージが載っている。しかしもっと俯瞰してみれば、究極に伝えたいメッセージはひとつである。

「伝えるだけの文章を卒業し、働く文章を書けるようになろう」ということだ。

このワンメッセージを伝え、行動を変えてもらうために、「何をどのように書けばいいか？」を１００の角度から提示しているのだ。ある項目では具体的に。ある項目では抽象的に。

ただし、いくらひとつに絞っても、それがどこかで聞いたことのあるような手垢のついたメッセージだとどうだろう？

たとえば「文章は正確に伝わるように書きましょう」のような。

それでは相手の心に刺さらないし、動かせない。何かしら今までにないメッセージであることが望ましい。

文章を書く前に、あなたオリジナルの「ワンメッセージ」を見つけよう。

そこに新しい発見はあるか？

ワンメッセージには、何かしら「新しさ」がなければならない。つまり、そのメッセージを受け取った人にとって何かの「発見」があるということ。いくら道徳的には正しくても、手垢がついたメッセージはつまらない。

たとえば、以下のメッセージをテーマにした本があるとする。

「愛は心の底から湧き出てくる尊いものだ」

普通すぎて、わざわざ読みたい人は少ないだろう。

では以下のメッセージではどうだろう？

「愛は技術であり、学ぶことができる」

「愛」という、一般的には崇高だと思われている概念を「技術」「学ぶことができる」と言い切ることで、新しさを感じる。

あなたも、きっと興味が湧いたのではないだろうか？　これはエーリッヒ・フロムの古典的名著『愛するということ』の冒頭に書かれているメッセージだ。

極言すると、何かしら新しいメッセージがあれば、その文章は書く意味がある。なければわざわざ書く意味がない。

企画や商品開発でも同様だ。何かしら「新しい発見」のあるコンセプトを1行で表現できなければ採用されないだろう。41～50項にその1行を開発するためのヒントを書く。参考にしてほしい。

とはいえ、いくら尖ったメッセージであっても、書き手の独りよがりでは、読み手には響かない。主役は、あくまで読み手である。前述した『愛するということ』もそうだ。「愛は技術であり、学ぶことができる」というメッセージが、自分にとって有益な情報だと感じるから読者は興味を感じるのだ。

残念ながら、こうすれば新しいメッセージが生み出せるという魔法の方法はない。脳に汗をかいて、ひたすら考え続けるしかないのだ。

鬼100則 05

書きたいことは書かない

「何を書くか（WHAT）」を決める時、「あなたが書きたいこと」は書かない方がいい。「どういうこと？」と思ったかもしれない。

あなたが、一所懸命に「書きたいこと＝伝えたいこと」を書こうとする時のことを想像してほしい。「伝えたいことがどうやったら伝わるだろう？」とばかり考える。視点は、自分の内面にばかり向いているはずだ。

それでは読み手に伝わらない。なぜなら、読み手はあなたのことよりも自分のことに関心があるからだ。

「あなたが書きたいこと」よりも、「読み手が読みたいこと」を書こう。常に読み手を意識することで、きちんと伝わり行動したくなる文章になることが多い。当然、文章がきちんと働いてくれる確率が上がる。

常に読み手を意識する書き方については、第2章で詳しくお伝えする。

予備校講師でタレントの林修さんが、番組で以下のようなエピソードを紹介していた。

林さんが有名になり出した時、ある出版社から自己啓発本の依頼があった。もともと本を出したいとは思っていたが、自己啓発本には興味がなかった。でもそれが求められているのならと執筆してみた。

すると大ヒット。何冊か自己啓発本を出したあと、その出版社から「今度は林さんの書きたいものを書いてください」と依頼があった。そこで、自身が一番興味があった和食をテーマにした本を書いて出版した。しかしそれはまったく売れなかった。その時、林さんは「こんな屈辱味わうんだったら、書きたくない本のほうがマシだった」と思った。

要は、読み手が読みたい本は売れて、自分が書きたい本は売れなかったということだ。

もちろん、売れなくても「書きたいものを書きたい」という考え方があってもいい。

そもそも自分が書きたいと思わないものは、書くモチベーションが湧かないという人もいるだろう。

そんな時はまず、「読み手が読みたいこと」をいくつか考え、その中で、「あなたが書きたいこと」と合致するテーマを書けばいい。

文章は料理だ

文章を書くことは、料理を作ることに似ている。実際に調理する場面は、原稿を執筆することにあたる。調理も執筆も、取りかかる前の準備が重要なことも共通だ。

①何のために作るのか（目的）

［料理］ 自分の食欲を満たすだけなら、好きに作ってもいい。しかし誰かに提供するなら、やはり食べる人間に「おいしかった」と喜んでもらうことが基本だ。

［文章］ 自己満足のためだけなら好きに書いていい。しかし誰かに読んでもらう文章であれば、読者に「読んでよかった・役立った」と思ってもらうのが基本だ。

②何を作る・書くか決める（テーマ）

［料理］ 食べる人間が誰か（年齢・性別・味の好み等）によって考える。

［文章］ 誰が読むかによって文章の内容を考える。

③どう作るか考える（手順・構成）

［料理］　作る材料や手順を考える。

［文章］　どういう構成がいいか考える。

慣れれば料理も勘でできるように、文章も勘で書ける。しかし料理初心者のうちはレシピに頼る方が無難なように、文章初心者は「文章構成の法則」に頼るべし。本書では第五章で紹介している。

④材料集め（買い物・調査取材）

［料理］　冷蔵庫のストックがあればそれを使う。なければスーパーなどに買い出しへ。

［文章］　自分の知識や記憶だけで書ける場合はそれを使う。足りなければ、調査や取材して材料を集める。

⑤実際に作る（調理・執筆）

「料理」にも「執筆」にも、いろいろな手法やテクニックがある。執筆に関しては本書で紹介している。

⑥味の調整　編集校正

⑦盛りつけ　レイアウト

料理では、同じ材料やレシピでも、作り手の技量によって大きな差が出る。文章も同じだ。

鬼100則 07

すべり台のように書け

「宣伝文におけるキャッチコピーの役割は第一センテンスを読ませることだ」

アメリカの著名なセールスライターであるジョセフ・シュガーマンの言葉だ。人は、宣伝文やセールスレターを積極的に読もうとは思わない。これはもちろん企画書・プレゼンの提案書・プレスリリースなどに置き換えても同様だ。

だからこそ、何としてもまず文章を読み始めてもらわなければならない。そして第一センテンスを読んでもらうことができたとする。

シュガーマンは、第一センテンスの役割をこう解説する。

「第一センテンスの唯一の目的は、読者に第二センテンスを読ませることだ」
「第二センテンスの目的は、第三センテンスを読み続けたいと思わせることだ」

以下、最後のセンテンスまで続く。

そうやって次から次へと、気づいたら最後まで読んでしまっている。それこそがすべての書き手が追求すべき究極の文章だというのだ。

実際、宣伝文は四分の一以上読むと最後まで読む確率が高いというデータがある。また、最後まで読んだ読者は、書き手が望む行動を取る確率が非常に高くなる。

つまり、宣伝する商品を買ってくれるというのだ。

シュガーマンはこの現象を「**すべり台効果**」と呼ぶ。

最初の数センテンスを読むと、心地よさや共感を覚え、一気に最後のセンテンスまで読んでみたくなる。途中でやめようと思っても思わず着地点まで止まらない。

読み手がすべり台で一気に滑り降りるような感覚になる文章。そのような流れの文章を作り出すためには、全体のリズムを意識する必要がある。できる限り不要な言葉は省き、言いたいことを最小限の字数で表現する必要もある。ダレてきたら、次に興味が湧くような話題を提供する必要がある。これは何も宣伝文やセールスレターに限ったことではない。

「文章はすべり台のように書け」

どのような種類であれ、文章を書く時に心に留めておきたい原理だ。

鬼100則 08

「読みやすい」は、正義

ビジネス文章で最も重要なのは、「読みやすい」ということだ。

2002年にノーベル経済学賞を受賞した認知心理学者のダニエル・カーネマンは、その著書『ファスト&スロー』の中で、以下のような内容のことを語っている。

「脳に負担を与えない『読みやすい文章』を読むと、人は心地よさを覚え、書き手に『親しみ』や『信頼』を感じる」

あなたが書く文章はどうだろう？　もし他人から「読みにくい文章」だと思われているとすれば、読み手の脳に負担をかけている可能性がある。

文章が読みにくくなる要因はさまざま。中身はもちろん、視覚的要素も重要だ。

たとえば「タイトルや見出しがない」「文字の級数が小さい」「余白が少ない」「フォン

トが読みにくい」「漢字とかなのバランスが悪い」「句読点や改行のタイミングが悪い」などの理由だけでも、文章は大幅に読みにくくなる。

まずは適宜、見出しを入れたり、行間に余白を取ったり、字を大きくしたりしてみる。それだけでも、読みやすくなる可能性は高い。

文章の中身が原因で読みにくいのは、「論理が繋がっていない」というケースが多い。書き終えたら、論理が繋がっているかを確認しよう。分かりにくいところは、接続詞を使って、きちんと論理が繋がる文章にする必要がある。

リズムがいいかどうかも重要だ。これは声に出して読んでみると確認できる。

同じ接続詞の重複や、同じ語尾が続きすぎると単調になってしまい、文章のリズムが悪くなることが多い。

また、「です・ます調」と「だ・である調」を同じ文章の中に混在させるのも、リズムを壊す要因になる（うまい書き手だと「です・ます調」と「だ・である」調を混在させることによってリズムを生み出すこともできる）。

重要な文章であればあるほど、読み手の脳に負担をかけないことを意識しよう。

ビジネス文章において、「読みやすい」ことは、最大の正義なのだから。

鬼100則 09

「短いこと」は、いいことだ

文章が読みにくくなる原因の多くは、一文が長すぎることにある。読点（、）で、次々と文が繋がれている文章はその典型だ。特に「が」という接続詞を逆説以外の意味で使うと、どうしても文章が長くなる。

句点（。）で分割して、「短い文章」にするだけでも読みやすくなる。

文章を短くするコツは、「一文一義」を徹底することだ。一文一義とは、ひとつの文にひとつの情報だけを入れること。同じ文章の中にいくつもの情報が入っていると、読み手にストレスがかかる。人間の脳はめんどくさいことが嫌いなのだ。めんどくさいと思うと、文章の中身が頭の中に入ってこなくなる。

ひとつの文の中では、伝えたいことをひとつに絞ろう。分かりやすく、すっきりした印象を与えることができる。結果として一文が短くなるので、より読みやすくなるのだ。

たとえば、メールの文章を例にとってみよう。

「次回以降の会議のスケジュールが決まりましたので、添付ファイルで送らせていただきますが、佐藤部長と協議していただき、明日までに出欠の返事をいただけますでしょうか?」

一文にいくつもの要素が入っているので読みにくい。これを一文一義に直してみる。

「次回以降の会議のスケジュールが決まりました。添付ファイルで送らせていただきます。佐藤部長と協議していただき、明日までに出欠の返事をいただけますでしょうか?」

かなり読みやすくなったはずだ。

このように一文一義にすることで、一文は自然に短くなり、リズムが生まれる。

とはいえ、極端に短い文章が続くと、幼稚なイメージになる。

「次回以降の会議のスケジュールが決まりました。添付ファイルで送らせていただきます。佐藤部長と協議していただきたいです。出欠の返事をいただけますでしょうか?期限は明日までです」

何事もさじ加減が重要だ。

鬼100則 10

「流し読み」大歓迎

会議に出席していて、資料が配られたとする。あなたは、初めから一字一句精読するタイプだろうか？　それともまず、ざっと全体を流し読みするタイプだろうか？

人は文章を読む時、「精読派」と「流し読み派」に分かれる。

書き手としては、じっくり読んでほしい。時間をかけた文章だとなおさらだ。流し読まれて、文意を誤解されたら余計にそう思うだろう。

しかし、流し読み派も一定の割合で必ずいる。相手に読み方を強制することはできない。そして往々にして、その会議の決定権を持っているような人物は、流し読み派が多い傾向がある。

企業のトップに立つような人は、忙しくせっかちな人が多い。だとしたら、あなたがビジネス文章を書く時、流し読みされても誤解なく文意が伝わるということが重要になってくる。決定権のある人間に伝わっていなければ、その文章の意味がなくなるからだ。

だからといって、細部を適当に書いていいというわけではない。中間管理職に多い実務肌タイプの人はじっくり文章を読む。矛盾点があればそこを指摘してくるだろう。

つまりこういうことだ。

ビジネス文章は「精読派」が読んでも、「流し読み派」が読んでも、きちんと伝わるように書く必要がある。

ではどうすればそのような文章が書けるだろう。

書き手側は「文章は細部までじっくり読んでくれるもの」という前提で書いていることが多い。まずはその前提を取り下げることだ。

「流し読み」大歓迎の気持ちで書いてみよう。「流し読み派」が読んでも大意が分かるという視点で文章をチェックするのだ。

そうやって書くと、自分の中で伝えたい内容が明確になってくることが多い。すると「精読派」が読んでも誤解なく文意が伝わる。いいことづくめだ。

その時に重要になってくるのが、次項で取り上げる「見出し」である。

見出しだけを拾い読みしても、おおよその文章の意味が分かることが理想だ。

鬼100則 11

見出しは、行き先掲示板

想像してほしい。

タイトルがあって、その下に何千字もの長文でびっしり書かれている記事を。

あなたはその記事を読みたくなるだろうか？　それを見ただけでげんなりして、読む気が失せる人が多いだろう。

他人はあなたの文章を読みたいと思っていない。だとしたら、少しでも読みやすいように気を配るのが、書き手の役割だ。

長文は、できるだけ分割する。それぞれに見出しを入れよう。それだけで格段に読みやすくなる。流し読み派にも対応できる。

多くの人に読んでもらう記事だけではない。会議などで配られる資料であっても同じだ。見出しがなくだらだらと長い文章は、いくらきちんと読もうと思っても内容が頭に入ってこない。

見出しは、行き先掲示板のようなものだ。

記事に興味を持った読者は、まずざっと全体を見る。そこで自分に関係がありそうな内容が書かれているかどうかを瞬時に判断する。そしてきちんと読むかを決めるのだ。

その時に重要なのが、行き先掲示板としての「見出し」だ。本文よりも大きめの文字で目立つので、そこだけは頭に入ってくる。その段落の内容が要約されていると、文章全体がどこへ向かっているかを知ることができるのだ。

見出しは、その記事のボリュームによって「大見出し」「中見出し」「小見出し」などに分類されることもある。「大見出し」が幹であり、そこから「中見出し」「小見出し」とテーマが枝別れしていくようなイメージだ。

見出しをキャッチコピーとして使う場合もある。この場合の見出しは、中身に興味を持たせることが第一義だ。必ずしもその段落の要約になっていなくてもいい。

「要約」か「キャッチコピー」かは、文章のトーンや掲載されるメディアによる。ただし、同一記事内では、どちらかに統一することが望ましい。

同じ文章に「要約」と「キャッチコピー」の二つのトーンの違う小見出しが書かれていると、読者に余計な違和感を与えてしまう。

鬼100則 12

常套句は空気と思え

言葉には「強い」「弱い」がある。

強い言葉とは、「記憶に残る」「心に刺さる」「行動したくなる」言葉のことだ。弱い言葉とは、「手垢のついた」「ありきたりな」「心が動かない」言葉だ。

タイトル・見出し・キャッチコピーに「強い言葉」が使われていると、人はその内容に興味を持つ。

ただし、この言葉を使えば必ず強くなるというような魔法の言葉はない。

使う場面によって、大きく変わってくるからだ。ある場面では強い言葉が、違う場面では弱い言葉になることも珍しくない。

それでも、ひとつだけ言葉を強くする原則がある。

「常套句を避ける」ということだ。

常套句とはよく使われるありきたりなフレーズのこと。人は何も考えずに書くと、ついついよく耳にする常套句を書いてしまいがちだ。

たとえば、以下のような。


「高機能」「高品質」「最先端」「こだわり」「伝統」「厳選した」「最高の」「極上の」


このような言葉は何も言っていないのと同じだ。

常套句を使ったキャッチコピーのことを私は「空気コピー」と呼んでいる。文字が書かれていても書かれていなくても気づかない空気のような存在だからだ。

食べ物で言えば「こだわり」という言葉はありとあらゆる商品に使われている。実際にコンビニに行ってパッケージを見ると実感するだろう。

つまり、「こだわり」という常套句を書くことは、言葉に「こだわりを持っていない」ということを宣伝しているようなものだ。

自分が気持ちよくすらすらと書けたタイトル・見出し・キャッチコピーは、常套句ではないかとまず疑ってみるところから始めよう。

鬼100則 13

「気が抜けたビールのような文章」を書かない

タイトル・見出し・キャッチコピーで常套句を使うと「空気コピー」になる。では文章の中身はどうだろう？　「定型文」がそれにあたる。

たとえば、あなたが手紙をもらったと想像してほしい。名前は知っているけど、最近は疎遠で手紙なんか一度ももらったことのない相手だ。そもそも手紙なんかもらうことなんて滅多にないから、何が書いてあるのかとちょっとドキドキしているかもしれない。開封してみる。中から出てきたのは、印刷された形式的な挨拶と定型文だけだったとする。あなたはどんな気持ちになるだろう？　がっかりしないだろうか？

せっかく手紙を送るという手間とお金をかけたのに、それでは何の効果ももたらさない。すぐにゴミ箱行きだ。

今度は、あなたが手紙を送る側になって想像してほしい。その手紙を何のために送るのだろう。オフィスの引っ越しでも人事異動でもなんでもいい。ただ情報を知らせるだけが本当の目的なのだろうか？

たとえばそれを読んだ人が、久しぶりに連絡してくれる。そこから何かの仕事に繋がる。それこそが本当の目的ではないだろうか？

だとしたら、欲しい反応から逆算し、あなたの文章を読んだ人がどんな風に思うかを想像しながら書いてみるべきだ。

たとえ印刷した文章であっても、そのような視点で書いた文章には、何倍もの反応が返ってくるだろう。形式的な文章にせざるを得ない時も、せめて自筆で気持ちがこもったひと言をつけ足すだけでも、その反応は大きく違ってくる。

定型文で人の心が動くことはない。「気」が入っていないからだ。「気が抜けたビールのような文章」では相手の感情が動くことはない。

相手の心を動かす文章を書くために重要なことは、あなたが書く文章に「気を入れる」ということだ。「気」が入っていれば、たとえ文章がヘタでも、きちんと働いてくれる。

あなたが書く文章には「気」が入っているだろうか？

鬼100則 14

論理で納得させ、感情で動かす

働く文章は、何よりもまず「筋が通って」いなければならない。「論理（ロジック）」が破綻していると、なかなか意味が頭に入ってこないからだ。

しかし、一方でビジネスは「論理」だけでは動かない。現場で働いているあなたはよく知っているだろう。本来、合理的な判断のみで行われるはずのビジネスが、実は感情で決まることが多いということも。

かといって、「感情」だけでビジネスが動くわけではない。「論理」も「感情」もどちらも重要なのだ。

経営者などのリーダーがスピーチする場面を想像してほしい。論理的に考えれば腑に落ちるものであっても、感情が動かされなかったら、本気で動こうとは思わない。

逆に、どんなに感情に訴えるスピーチであっても、論理が破綻していたらよほどの信者以外は納得しないだろう。

文章においてもそれは同様だ。

「論理」と「感情」のバランスに注意をはらう必要がある。事務的な確認のやりとりをメールでしたり、何かの報告をするようなケースでは、「論理」の部分だけで十分だ。正確であればそれでいい。

ただし、「提案」「販売」「依頼」「謝罪」など、相手の心を動かす文章が必要な時には、「論理」はもちろん「感情」を込めることが重要になる。

ベースは論理的に書かれているが、時に感情を動かされるフレーズが入っている。

堅い文面であっても、どこか人間味が感じられる。

あなたが書く文章に感情が動く要素が入っているかどうかで、相手の気持ちや判断は大きく変わる。

「論理」で納得させて、「感情」で動かす。

これがビジネスで「働く文章」の基本だ。

文章を論理的に書きながら、そこに「感情」というスパイスをどう入れるかについても法則がある。具体的な方法は第5章でお伝えしよう。

鬼100則 15

文章は耳で書け

「論理で納得させ、感情で動かす」というのは、言い換えると「技術と情熱」の両輪で書くということだ。

どんなに書く「技術」があっても、文章に「熱」がないと心が動かない。

しかしどんなに思いがあっても、「技術」が伴っていなくてはその「情熱」が伝わらない。

「技術」の中で忘れがちなものがある。

文章は単調にならないように、リズムや語尾の変化をつける必要があるということだ。

リズムはワンセンテンスの長さや改行する場所によって決まる。

同じような長さの文章が続いたり、改行の長さが同じだと、単調になってしまう。読んでいて心地よいリズムにならないのだ。

短い文章が来たら、次は長い文章。そして、短い文章。短い文章。長い文章。という風に、変化がある方がリズムがよくなる。

語尾の変化も重要である。同じ語尾が続くと、単調になってしまうからだ。とはいえ、「です・ます調（敬体）」と「だ・である調（常体）」を同一文章の中で混ぜるのは高度な技と言える。初心者がやると、リズムがバラバラになり読みにくくなる可能性が高い。統一した方が無難だ。

本書は引用部分や例文を除き「だ・である調」で統一されている。「です・ます調」のメリットは、丁寧でやわらかい印象になるということ。ただし、語尾の変化がつけにくいので単調になりやすい。体言止め・疑問形・否定形などを入れて変化を持たせる必要がある。

一方「だ・である調」のメリットは、文章がシャープになり、歯切れがよくなるということ。語尾の変化もつけやすいのでリズムが出る。デメリットとしては、上から目線で偉そうに思われる可能性があるということ。

書き上げた文章は、小さく口に出して読んでみるのがいい。その時、耳で聞いてリズムがいいかどうかをチェックする。

文章は耳でも書くと肝に銘じよう。

鬼100則 16

五感を意識して書く

人は五感（視覚・聴覚・触覚・嗅覚・味覚）と呼ばれるものを持っている。

その中で、「優位感覚」と呼ばれる「利き感覚」が存在すると言われている。

大きく分けると「視覚優位型」「聴覚優位型」「身体感覚（嗅覚触覚味覚を統合した名称）優位型」の3つに分けられるという。

あなたは自分はどの感覚が優位か知っているだろうか？

ごく簡単なテストがある。

「病院」という言葉を聞いて何を思い浮かべるだろう？
①病院の建物、診察室、病室などの映像をイメージした。
②医者や看護師のセリフ、院内のアナウンス、救急車のサイレンなど、音や言葉に関することをイメージした。
③消毒薬のにおいや注射を打たれる時の痛みなど、身体感覚的なことをイメージした。

①を選んだ人は、物事を映像でとらえるので視覚優位型。
②を選んだ人は、物事を音や言葉でとらえるので聴覚優位型。
③を選んだ人は、物事をにおいや皮膚感覚などでとらえるので身体感覚優位型。
（※これは、簡易的なテストであり、題材によって大きく変わる可能性がある）

ある調査によると、視覚優位が約80%。聴覚優位が約15%。身体感覚優位が5%くらいの割合らしい。普段、我々が文章を書いたり、人前で喋ったりする時には、どうしても自分の優位な感覚で語ってしまいがちだ。

そこで、あえて違う感覚の描写を入れることで、より多くの人に届く可能性が生まれる。実際、小説やエッセイなどでは、視覚以外の「聴覚」や身体的感覚（触覚・嗅覚・味覚）などの描写を混ぜるとリアリティが増す。料理のメニューや食品関係のキャッチコピーなどにもいろいろな感覚を刺激するフレーズを入れた方がいい。

ビジネス文章では、そこまでする必要はない。ただし視覚を刺激する描写は入れた方がいいだろう。

目に浮かぶような文章が書けたら、それだけでイメージが湧きやすいからだ。

鬼100則 17

会議室で書くな　現場で書け

たとえば、あなたが、Aという商品の紹介文を書くことになったとする。依頼主から、Aに関しての多くの資料をもらった。

さて、その帰り、まずあなたが取るべき行動はなんだろう？

すぐにオフィスに戻って資料を読み込むこと？

違う。まずAが売られている現場に行くことだ。スーパーでもコンビニでもデパートでもディーラーでもいい。とにかく販売されている現場をまず見ることが大切だ。可能であれば、Aが製造されている工場や素材の生産現場などに見学に行く。そこで働いている人からも話を聞こう。

しかし実際は、現場に行かずに、もらった資料だけを元に（＋ネット検索などをして）会議室だけで書く人が圧倒的に多い。これでは、平凡で説得力のない、誰が書いても似た文章になる可能性が高い。

実際、商品の売り場や製造現場にはヒントがたくさん落ちている。

現代広告の父と呼ばれているディヴィット・オグルビーの代表作に、高級車ロールスルイスのキャンペーンがある。新聞広告は、住宅街の道に駐車しているロールスロイスの写真に以下のキャッチコピーが書かれていた。

時速60マイルで走行中の新型ロールスロイスの車内で、一番の騒音は電子時計の音だ。

たった数紙の新聞に掲載されただけにもかかわらず、アメリカ中で話題になり、ロールスロイスの売上が50％もアップしたと言われる伝説的な広告だ。

しかし、実はこのキャッチコピー、オグルビーが自分で考えたものではない。

このキャッチコピーを生み出すまでに、オグルビーは約3週間、あらゆる資料を読み込み、その上で工場のエンジニアたちからも話を聞いた。そして、あるエンジニアが語った、「実は走行中の車内で一番うるさく感じるのは電子時計の音なんです」というエピソードを、そのままキャッチコピーにしたのだ。

現場にはお宝がいっぱい落ちている。

鬼100則 18

漢字とかなの黄金比率

日本語には他の言語にはない大きな特徴がある。

「漢字」「ひらがな」「カタカナ」という3種類の表記文字があるということだ（アルファベットを使うローマ字を加えると4種類）。

同じ単語であっても、漢字を使うのとひらがなを使うのでは、ニュアンスが異なる。

コピーライターは、キャッチコピーを考える時、同じフレーズであっても、表記をどうするかでとことん悩む。漢字を入れたり、ひらがなだけにしたり、あえてカタカナにしたり、いろいろと書いてみる。それによって、伝わり方が大きく変わってくるからだ。

このように、表記文字がいろいろある日本語で文章を書くということは、「非常に面倒だ」とも言えるし、「限りなく選択肢があって考えがいがある」とも言える。

では、あなたが文章を書く時、漢字とかなはどのように使い分ければいいだろう？

そもそも、日本語の単語は、その出自により「和語」「漢語」「外来語」に分かれる。

「和語」はもともと日本にあった言葉のことで、「大和言葉」とも言う。ひらがなで書かれる単語はもとより、漢字でも「訓読み」で読むものは「和語」であることが多い。

「漢語」は漢字で書かれ、「音読み」するもの。もともと古代中国から伝わったものが多いが、江戸時代から明治時代にかけて日本で作られた和製漢語もある。

「外来語」は、漢語以外の外国から来た言葉。英語はもとより、ポルトガル語、オランダ語、フランス語、ドイツ語、ロシア語など幅広い言語が由来になっている。

一般的に、和語（ひらがな）を多く使うと、やわらかい印象になる。漢語（漢字）を多用すると堅く難しい印象になる。外来語（カタカナ）を使うと、先進的な印象になる。

どれかに偏ると、偏った文章に見えがちだ。

一般的に、漢字3割でかな7割が一番読みやすいと言われている。漢字がそれ以上の割合になると堅くとっつきにくい印象になり、逆に少なすぎると、締まりのない幼稚な文章に見えてしまいがちだ。カタカナが多すぎると、軽薄な印象になる。しかしまったくないと古めかしい文章になる。バランスが重要なのだ。

タイトルや見出しにおいては、漢字3割にこだわる必要はない。漢字、ひらがな、カタカナが3種類とも入っているとバランスがいい。

鬼100則 19

今どきの文章リテラシーとは？

現在において文章を書く際、知っておくべきリテラシー（基礎知識）がある。

それは、「ジェンダー（社会的性差）」「LGBTなどのセクシャルマイノリティ（性的少数者）」「人種」「年齢」などに関する偏った表現だ。

政治家や公職に就いている方々が失言で職を追われることもよくある。

さまざまな企業が、自社広告などの表現に関して、意図せず生活者の反感を買ってしまい、SNSで炎上するケースが後を絶たない。インターネット上での広告でそれが顕著だ。少ない予算で手軽に実施できることで、どうしてもチェックが甘くなりがちだ。

言葉狩りのように、細かな表現までを規制するのはいただけない。

小説やエッセイのような創作物であれば、表現の自由が優先されるべきだ。

しかし「働く文章」は読み手が主役である。読み手が不快に感じられる表現はするべきではない。たとえば、ジェンダーなどに関しては、以下のような内容の表現はできるだけ避けるべきである。

・男性は仕事、女性は家事・育児・介護などとジェンダー役割を押しつけている。
・男性が指導者、女性が相談者など、男女で優越・上下などが固定化している。
・男の子は理系、女の子は文系など、性差によって興味を固定化している。
・容姿や体型に関して画一的な優劣を押しつけている。
・伝えたい内容と関係なく女性の性的あるいは外見的な側面を強調する。
・ＬＧＢＴについて従来からの型通りのイメージで表現・描写をする。
・人種に関して差別的な表現・描写をする。
・年齢に対して侮蔑するような表現・描写をする。

これらの表現以外であっても、その文章を読んで、不快に思う人がいないかについては常に考えるようにすべきだ。宣伝や広報担当が社外向けに出すコンテンツに限らず、メールや社内文章であっても同様だ。ジェンダー的に問題があるような表現を使うことで、社内での評価を落とすこともある。気をつけたい。

アリストテレス説得の三原則

古代ギリシアの哲学者アリストテレスは、万学の祖と呼ばれている。

いろいろな学問を体系化したからだ。

彼の『弁論術』という本の中に、「言葉で人を説得するための三原則」が書かれている。

それが以下のものだ。

アリストテレスの説得の三原則
①「ロゴス」英語のLogic（ロジック）の語源。「論理」「理性」などの意味。
②「パトス」英語のPassion（パッション）の語源。「情熱」「熱意」などの意味。
③「エトス」英語のEthics（エシックス）の語源。「信頼」「人柄」「倫理」などの意味。

シンプルに言うと以下のようになる。

①「ロゴス」論理立てて理性で相手を説得すること。
②「パトス」情熱や熱意で相手を説得すること。
③「エトス」自分を信頼してもらうことで相手を説得すること。

この3つの説得の要素が含まれていると、人は自ら動きたいと思う可能性が高まる。

この三原則、二千年以上たった今でも、そのまま通用するすごい原則だ。人間はどんなに時代が変わっても、本質的には変わらないということだろう。

この3つの説得の要素が含まれていると、人は自ら動きたいと思う可能性が高まる。

ビジネス文章ではロゴスが優先されることが多い。

確かにロゴスは重要だ。しかしロジックだけでは人は動かない。パトス、すなわち熱意が必要になってくる。しかしパトスだけでは空回りしてしまう。ロゴスとパトスがバランスよく含まれた上で、エトスが必要になってくる。どんなにいいことを言っても、書いている相手への信頼性がないと、信じる気にならない。

よくある失敗は、どれかひとつの要素で文章を書いてしまうということだ。

ロゴス・パトス・エトスの要素が入っているか、チェックする習慣をつけよう。

第2章

Principl
～鬼原則～

文章の法は言葉をつづめて理のあらわるるを本とす。

世阿弥

簡潔こそ言葉の神髄。

ウィリアム・シェークスピア

分からせるように書くと云う一事で、文章の役目は手一杯なのであります。

谷崎潤一郎

鬼100則 21

関係なければ読みたくない

あなたは一日のうちにどれだけ、他人が書いた文章を読んでいるだろう？　ビジネスシーンでのさまざまな文章、メール、ネットニュース、SNS、街で見かけるポスターなど。たとえ本や新聞などを読む習慣がなかったとしても、さまざまな文章に触れているはずだ。

だが、その多くを真剣に読んではいないのではないだろうか？　ネットのニュース記事はもちろんのこと、仕事にかかわる文章であってもそう。

たとえば会議で配られる多くの資料、自分がCCに入れられているだけのメールなど、斜め読みしかしていないのではないだろうか？　それはなぜだろう？

自分に関係があると思っていないからだ。人は自分に関係がないと思う文章を真剣に読もうとはしない。

日々の情報量が膨大に増えているネット社会では、自分に関係がないと思った情報は簡単にスルーされてしまうのだ。

まずはあなたが書く文章が、読み手に「自分に関係がある」と思ってもらう必要がある。「働く文章」を書く時に共通する、最も重要な原理だ。ではどうすれば、読み手に「自分に関係がある」と思ってもらえるのだろう？

あなたが知り合い全員に、何かの宣伝メールを送る時のことを想像してほしい。全員に宛てて、一斉メールで送ったとしたらどうだろう？

よほどあなたに関心がある人を除き、多くの知り合いは斜め読みをして終わるはずだ。

一方、個人に送るメールのようにして、中身の文章も、受け手一人ひとりに合わせた個別の文面にしたらどうだろう？　レスポンスは大きく変わってくる。「自分に関係がある」と思ってもらえる可能性が高くなるからだ。

しかし、個別対応が可能な人数は限られてくる。その数が何百何千何万となってくると、全員に個別で対応することは物理的に不可能だ。そのため、一斉に同じ文面で送った時でも「自分に関係がある」と思ってもらえるような文章を書く必要がある。

そして、「タイトル」「見出し」「キャッチコピー」など、最初の1行目で「自分に関係がある情報である」と気づいてもらうことが重要になる。

鬼100則 22

主語は「あなた」

あなたが不特定多数に向けて文章を書く時、読み手から「自分に関係がある」と思ってもらいやすくなるシンプルな方法がある。

それは、主語に「**あなた**」という単語を使うことだ。もちろん、「あなた」とは、文章の「読み手」のことだ。

「あなた」から始まる文章は、読み手に「自分のことを語っている」と思わせる力を持っている。たとえば、以下の2つの文章を読み比べてほしい。

・この本を読むことは、私は素晴らしいことだと思います。
・この本を読むと、あなたは仕事でまわりから認められるようになります。

どちらの本を読んでみたくなっただろう？　多くの人は後者だ。

日本語の文章は主語がなくても書ける。むしろ、「私」「弊社」などという語り手の主語が頻繁に現れる文章は、読み手にとってはわずらわしく感じられる。

たとえば、パーティで誰か知らない人と話をする時のことを想像してほしい。その人が、自分のことばかり一方的に話すとしたらどうだろう？　きっとあなたは退屈に感じて、早く話が終わらないかと思うはずだ。

一方、あなたのことに興味を持ち、質問をしながら、それに合わせて自分のことを話す人であればどうだろう？　あなたは親近感を持ち、もっと話したいと思うはずだ。

もちろん、話し手がとても魅力的な人なら別だ。パーティで会った人が、滅多に会えない有名人や憧れを抱くような人だったら、彼や彼女がいくら自分のことばかり話していても聞き続けたくなるはずだ。

文章で言うと、有名人が書くエッセイのようなものだ。あなたがその有名人のファンであれば、「私」のことばかり書いていても、もっともっと読みたくなるだろう。

もしあなたが有名人でないのであれば、できるだけ「私」ではなく「あなた」を主語にして文章を書くことをおすすめする。

鬼100則 23

たった一人に向けて

前項の文章を読んで、あなたはこう思ったかもしれない。

「不特定多数に向けて書く文章で、主語を『あなた』にするのは難しいのではないか？」

確かにその通りだ。ただ、不特定多数に向けて文章を書く時でも、自然に「あなた」が主語の文章を書ける方法がある。

文章を書き始める時、「**一人の読み手を想像する**」ことだ。「この文章はこの人のために書く」と決めてから書き出す。知り合いの中で思い浮かぶ人がいればそれがベストだし、いなければ勝手に想像してもいい。

「この人」を仮にAさんとしよう。まず考えるべきことはAさんの心の中だ。

Aさんの興味や関心はなんだろう？　何を望んで、どんな自分になりたいのだろう？

できるだけ具体的に想像し、まずAさんの心をツカむことだけに集中して書いてみる。

このように受け手の心の中の本音や動機、またそれらを洞察することを、マーケティング用語で「インサイト」と呼ぶ。つまりAさんの心の中を想像することは、とりもなおさずインサイトを発掘していることになるのだ。

「それではAさん以外の人に刺さらないのでは？」と、あなたは思うかもしれない。大丈夫だ。不思議なことに、Aさんに向けて書けば、Aさん以外の多くの人も「これは自分に向けて書いてくれている」と感じてくれるものだ。Aさんと似た属性の人たちが必ずいて、その人たちの心に届くからだ。

逆に、ぼんやりと不特定多数に向けて書いてしまうと、結局誰にも届かない文章になってしまいがちである。

読む人が決まっている場合は、「あなた」という主語を使う必要はない。上司なら上司、部下なら部下、取引先なら取引先、その人個人のことを頭に描いて、その文章を読んだ時にどのように思うかを想像しながら書けばいい。読み手本人になったつもりで、自分が書いた文章をチェックしてみよう。どんな「ダメ出し」がありそうか。相手が知らないような専門用語を使っていないか。

たった一人に向けて書くことで、相手の心を動かす文章を書ける確率は上がる。

本書も、たった一人の「あなた」のために書いている。

悩みを聞き出すように

あなたは、「たった一人のAさんのために文章を書く」と決めた。Aさんのインサイト（本音）を発掘した。どんな悩みがあるか、何に困っているのか、何を解決してほしがっているかについても、真剣に考えた。そして、その悩みや困りごとを解決するであろう、商品・サービス・企画をあなたは持っている。だからAさんにそれを薦める文章を書きたい。

あとは、どう書き始めるかだ。

口頭でセールスする場面を思い浮かべてほしい。たとえば、あなたがいきなり以下のような内容を語ったら、Aさんはどう思うだろう？

「うちの商品はこんなにすばらしいです」

「このサービスは今までにない日本初のものです」

残念ながら、これでは失敗する確率が高い。なぜなら、Aさんはあなたの商品が自分に関係するものだと知らないからだ。せっかくAさんのインサイトを発掘してもこれでは台無しだ。

口頭のセールスの場面であれば、Aさんが困っていること、悩んでいること、解決したいと思っているであろうことに焦点を当ててみる。たとえば、以下のように。

「Aさんはひょっとしたらこんな悩みがあるんじゃないですか？」
「こんなことが解決できたらAさんはどう思われますか？」

うまくいけば、Aさんは自分の気持ちを話してくれるようになる。自分に関係がある情報だと思うからだ。そうすることで、徐々にあなたに信頼を寄せてくれ、話に耳を傾けてくれるようになるだろう。

文章でも考え方は同じだ。いきなり商品の良さから書き始めるのではなく、まず読み手のインサイト（本音）を代弁するようなフレーズを冒頭に書く。その上で、あなたは自分の商品について触れ、誠実にしかし一定の熱をこめてその説明をすればいいのだ。

鬼100則 25

常に疑問を先回り解消せよ

読み手は、文章を読みながら、常に以下のような自問自答をしている。

「本当にそうだろうか?」
「そんなこと本当にできるだろうか?」

口頭でのセールスや説明であれば、質問してもらい、それに答える形で疑問を解消することができる。

しかし文章ではそうはいかない。書き手は読み手の目の前にいないからだ。疑問が積み重なると、書き手への不信が募っていく。その結果、読むのをやめてしまう。

あなたが文章を書いていて「ここは読み手が疑問に思いそうだな」と思う箇所は、先回りしてその疑問に答えるようにしよう。

「ひょっとしたら、あなたは○○という疑問を持ったのではないでしょうか？」
「こう書くと、××ではないか、と考える人もいるかもしれません」

このようなフレーズを挟んで、その疑問を解消するような文章を書けばいいのだ。そうすることで、書き手と読み手の間で、自然なコミュニケーションが生まれていく。すると読み手は、どんどん文章に入り込んでいく。

また、「意味がよく分からない情報」や「自分が知らない単語」が出てくることも読み手にとってはストレスになる。自分にとって当たり前の情報や語彙《ごい》などが、相手にとってもそうであるとは限らない。書き手は「これくらいは分かるだろう、読み取ってもらえるだろう」という甘えを手放す必要がある。

働く文章は読み手が主役だ。読み手が「買う」「採用する」「実行する」などの行動に移して初めて、あなたが書いた文章は意味を持つ。同じ文章でも、小説やエッセイ、論文やレポート、新聞やネット記事などとはその部分が大きく異なる。

常に、読み手の疑問に先回りするつもりで書こう。

鬼100則 26

いい商品は売れない

あなたが「働く文章」を書こうと思う時、常に心に留めてほしいフレーズがある。

それがこの項のタイトル「いい商品は売れない」だ。

「え？　どういうこと？」とあなたは思ったかもしれない。

正確に言うと「いい商品だけでは売れない」ということだ。実際、さまざまなビジネスシーンでこんな風に思ったことはないだろうか？

「こんないい商品なのに、なぜ売れないんだろう？」

「企画はよかったのに、なぜ採用されなかったんだろう？」

あなたがどんなにいい商品だと思っていても、買い手であるお客さんが「いい商品」だと思わなければ売れることはない。

あなたがどんなにいい企画だと思っていても、上司や得意先から「いい企画」だと思わなければ採用されない。

つまりこういうことだ。

「いい商品は売れない。お客さんがいい商品だと思った商品が売れる」

「いい企画は採用されない。上司や得意先がいい企画だと思った企画が採用される」

では、どうしたら「いい商品なのに売れない病」から脱出できるだろう？

「売り手視点」から「**買い手視点**」に、「書き手視点」から「**読み手視点**」に、視点を転換した文章を書くことが重要だ。それさえできれば、「自分に関係がある」と思ってもらえる確率が高まる。しかしそれは容易なことではない。プロのコピーライターでもできていないことが多い。偉そうに語っている私自身も、油断するとついつい「売り手視点」「書き手視点」のコピーや文章を書いてしまうことがある。

「いい商品は売れない。お客さんがいい商品だと思った商品が売れる」

「働く文章」を書きたければ、座右の銘にすべし。

鬼100則 27

読み手のハッピーを書け

どうすれば、あなたは、「買い手視点」や「読み手視点」の文章が書けるだろう。

それは常に「買い手」「読み手」にとっての「ベネフィット」を考えて書くことだ。

「ベネフィット」という言葉は、もともとは広告業界でよく使われていたものであり、商品の「メリット」と区別するために使われることが多い。「メリット」が商品自体の「利点（いいところ）」であるのに対して、「ベネフィット」は買う側・利用する側にとっての「利益（いいこと）」だ。

それは金銭的なこととは限らない。買い手や読み手にとって「得すること」「何かいいこと」を言う。言い換えると「相手のハッピー」を書くということだ。

商品で言うと、メリットが「商品のいいところ」であるのに対して、ベネフィットは、「**使う人にとってのハッピー**」である。

・メリット「この商品にはこんないいところがあります」
・ベネフィット「この商品を使うとあなたにこんなハッピーがあります」

人は、商品のいいところ（メリット）には関心がなくても、自分にとってのハッピー（ベネフィット）には関心がある。だから自分に関係があると思うのだ。
人は商品やサービスのためにカネを払うのではない。買ったものが自分にもたらす価値にカネを払うのである。つまり、こういうことだ。

「人は化粧品そのものが欲しくて化粧品を買うわけではない。化粧品を使うことで自分が少しでもキレイに見られるために化粧品を買うのだ」
「人はゲーム機という機械自体が欲しくてゲーム機を買うのではない。それでゲームを楽しむためにゲーム機を買うのだ」

あなたがビジネス文章を書こうとする時には、まず相手のベネフィット（読み手のハッピー）を考えてから書き始めよう。

鬼100則 28

隠れたベネフィットを探せ

インサイトを発掘し、ベネフィット（＝読み手のハッピー）を書く。

その時、書き手はどうしても、商品・サービス・企画などから導き出される「機能的ベネフィット」ばかりを考えがちだ。

しかし、商品の機能とは関係のない別のベネフィットもある。

たとえば「腕時計」という商品で考えてみよう。

安い商品だと、家電量販店で千円も出せば買えるだろう。高い商品だと、何十万何百万何千万円、中には億を超える腕時計もある。「時刻を知る」という機能で言うと、千円の腕時計も一億円の腕時計もほとんど変わらない。なのになぜこんなにも金額の差があり、それを買う人がいるのだろう？

そこにあるのは「感情的なベネフィット」だ。

「この腕時計が好き」「つけると心が満たされる」「買うことで気分が上がる」「みんなか

らうらやましがられる」「お金を持っている（成功している）ことを世の中にアピールできる」など、その人の感情を刺激する何かしらのハッピーがあるから買うのだ。売り手は、人間のそのような心理も理解する必要がある。

さらに買い手のインサイトを深掘りしていくと、商品とはまったく別のベネフィットを見つけ出すこともある。

アメリカのダイレクトマッケーターであるダン・S・ケネディは、ある時、生命保険会社の経営者たちが集まる会で、セミナーを企画した。内容は「保険営業マンをどのようにしてリクルートするか」というテーマだった。高い会費を出してみんな遠方からやってくる。セミナーのテーマも重要なはずだ。なのに経営者たちが休憩時間に話していたのは、翌朝のゴルフの話題ばかりだった。それを耳にしたケネディは、実は経営者たちにとって、隠れた重要なベネフィット（＝ハッピー）は「ゴルフをすること」だということを見抜いた。高い会費を出して遠方からやってくるのも、実はゴルフをする口実だったのだ。

そこでケネディは、業界紙に以下のようなキャッチコピーの広告を出した。

「営業マンの採用を自動化すると、あなたはゴルフに出かけられます」

この広告は、それまでとは比べ物にならないほど大きな反響があったという。

鬼100則 29

本人も気づいていないことを

本人でさえ気づいていない「インサイト（本音）」がある。人は自分自身のことを意外に知らないのだ。自分では気づいていないけれど、提案されて初めて、「確かにそれを買ったら（企画を採用したら）ハッピーになるかも」というベネフィットに気づくことも多い。そうなるとその商品がどうしても欲しくなり、企画なら採用したくなる。

もし、あなたが本人も気づいていないベネフィットを提示でき、それが多くの人に刺さるものであれば、平凡な商品であっても爆発的に売ることができるかもしれない。

本人も気づいていないベネフィットを発見することにおいて、天才的な才能を持っている人がいる。ジャパネットタカタの創業者である髙田明さんだ。

ある時、髙田さんは、テレビショッピングで、働くお母さん向けにボイスレコーダーを記録的な数売った。その時のセールストークが以下のようなものだ。

「昼間。お子さんが学校から帰ってくる。お母さんがいなくてちょっとさびしい。でもこのボイスレコーダーにこんなメッセージが吹き込まれていたらどうでしょう？　〇〇ちゃん、お帰りなさい。お母さん、まだ会社だけど、おやつは冷蔵庫に入っているからね。宿題は早めにちゃんとやってね。……どうですか？　こんなお母さんの声を聞いたら、お子さんは喜びます。さびしさも少しやわらぎます」

自分が働くお母さんの立場になって聞いてみてほしい。「なるほどそんな使い方があるんだ」と思うはずだ。ひょっとしたら子どもにさびしい思いをさせているかもという罪悪感が、心の奥底に少しでもあったとしたら、余計にそう思うだろう。それによって、子どもがハッピーになり、自分もハッピーになるからだ。

通常、このような商品を売る場合は、録音時間や音のクリア度など機能（メリット）を訴えることが普通だ。しかし、髙田さんは、本人も気づいていなかったベネフィットを提示することで、商品をバカ売れさせたのだ。

そうなると、もう商品のスペックはどうでもよくなる。

鬼100則 30

損していることを知らせよ

「ベネフィット＝何か得すること＝自分のハッピー」が書かれていると分かれば、読み手は自分に関係があると思い、その文章を真剣に読む。

しかしさらに強く「自分に関係がある」と思わせる方法がある。

それは、**読み手が「何か損していること」を知らせること**だ。人間は生まれながらの「損失回避」「損失嫌悪」という性質を持っている。簡単に言うと「損することを嫌う」ということだ。

同じ1万円でも、ラッキーで手に入った（得した）1万円はすぐに忘れてしまうが、落としたとか騙されたとか、何か損した1万円は記憶に残り続ける。

行動経済学などの実験結果では、損した時の痛みは、得した時の喜びの2倍以上にもなると計測されている。それだけ「損する」ことを人は嫌うのだ。

このような、ベネフィットと対になる「何か損している」状態のことを、本書では「**負**

のベネフィット」と名付ける。たとえば、以下の2つの文章を読み比べてみてほしい。

A　このワクチンを使うと、30％の人がウイルス感染から予防できます。
B　このワクチンを使わないと、70％の人がウイルス感染の危険にさらされます。

どちらの方が、より自分に関係があると思うだろうか？

Bを選んだ人が多いのではないだろうか？　実はAもBも同じ意味の裏返しにしかすぎない。しかしBはワクチンを使わないことで危険にさらされるという「負のベネフィット＝読み手が損していること」を知らせているので、より自分に関係があると思いやすい。

テレビでは、この「負のベネフィット」を訴求するCMが数多く流れている。

あなたの部屋がにおうのは、この消臭剤を使っていないから。

あなたの洗濯機の洗濯槽のカビだらけなのは、この洗剤を使っていないから。

あなたのトイレの床が菌だらけなのは、この殺菌剤を置いていないから。

あまり上品な手法ではないが、それだけ「損していることを知らせる」という手法は効果が高いのだ。

鬼100則 31

欲望のスイッチを押せ

人は心の底に欲望を隠して生きている。

もちろん個人差や年齢によって強弱はあるが、以下の項目は、一般的に人間の本能に結びついた根源的で強い欲望とされる。

①痛みや病気などの心配がなく健康で暮らしたい
②おいしい食べ物や飲み物を味わいたい
③安心・安全・快適な環境で暮らしたい
④不安がなく、ぐっすり眠りたい
⑤モテたい（パートナーを得たい・性欲を満たしたい）
⑥いつまでも美しく（カッコよく）ありたい
⑦お金を得て豊かな生活を送りたい

どうだろう？　あなたもきっと、心の底にはこのような欲望を抱えているのではないだろうか？

実際、書店でベストセラーになるような本は、前述した７つの要素のどれかをテーマにしたものが多い。それだけ多くの人が興味を持っているということだ。

もしあなたが売ろうとする商品やサービスに「①〜⑦の欲望が満たされるかも」というベネフィットがあれば、興味を抱いてもらえる確率が高い。

この欲望のスイッチを押すためには、大きく２つの方法がある。

・商品を買うことで得られる「ベネフィット」をストレートに訴求する方法
・商品を買わないことで損失するかもしれない「負のベネフィット」を知らせる方法

重要なのは、その商品のメリットを訴求することではない。

その商品やサービスを買ったり使ったりした時に、「欲望がどれだけ満たされるか」もしくは「買わなかった時にどれだけ欲望が損なわれるか」をイメージさせるように書くことだ。

鬼100則 32

まだ○○してないの？

前項で7つの本能的な欲望を紹介したが、人間の欲求はそれだけではない。あなただってそうだろう。前項の7つ以外にも、さまざまな欲求を持っているはずだ。

ちなみに、「欲望」と「欲求」という言葉は、ほとんど同じ意味であるが、欲望の方がより心の奥底から湧き出てくるというニュアンスがある。

モノやサービスがあふれる現代社会においては、より社会的な欲求である「所属欲求」「承認欲求」「自己実現欲求」などを重要視する人が増えている。

たとえば、以下のような欲求である。

①人と繋がりたい
②感動を多くの人と共有したい
③自分の居場所を確立したい
④誰かから認めてもらいたい

⑤自分だけ特別扱いしてほしい
⑥知識を得たい　より成長したい
⑦自分の夢をかなえたい

特に生活に余裕があれば、これらの欲求が強くなる。これらの欲求は、前項の欲望ほど本能的ではない。それ故に、自分がそれを欲していることに気づいてもらう必要がある。

たとえば、以下のようなフレーズで語りかけると読み手が自分の欲求に気づくことがある。


「まだ〇〇してないの？」

「30代女性の83％が体験済みです」


デイル・カーネーギーは『人を動かす』の中でこう書いている。

「まず相手の心の中に強い欲求を起こさせること。これをやれる人は万人の支持を得ることに成功し、やれない人は一人の支持者を得ることにも失敗する」

あなたも、読み手の心に何かの欲求を起こさせよう。

鬼100則 33

コンプレックスは、売れる

「欲望」「欲求」の裏側には、必ずと言っていいほど、「コンプレックス」が隠れている。あなたもきっと、自分の容姿・カラダ・能力などで何らかの「コンプレックス」があるはずだ。もちろん私にもある。そしてそれは「悩み」に繋がる。

しかしよくよく考えてほしい。もし無人島で独りで生活するのであれば、そんな悩みを持つ必要はあるだろうか？

コンプレックスの本質は、それによって「まわりの人から嫌われるのでは？」「愛されないのでは？」という「恐怖」や「不安」に他ならない。「流行に乗り遅れたくない」「恥をかきたくない」などの心理も、本質を言うと「恐怖」や「不安」だ。

人間は太古の昔から集団生活を基本としている。だから「嫌われたくない」「人並みでありたい」「仲間外れにされたくない」という思いが本能的にある。このようなコンプレックスに関連する「恐怖」や「不安」な感情を刺激すると、行動に結びつく可能性が高い。

しかし、ただ「恐怖」や「不安」を訴求するだけでは人は動かない。むしろあまり強い「恐怖」や「不安」があると、人は行動しなくなる。

人が行動するのは、状況を変える力が自分にはあると信じる時だ。あなたが提供する商品やサービスを利用すれば、確実にその恐怖から逃れられるという確信を持って初めて、購入や採用といった行動に結びつくのだ。

コンプレックスを売る文章を書く時は、読み手がその問題をどれだけ意識しているかによってアプローチ方法が変わる。アメリカのマーケッターであるマイケル・フォーティンは、ユーザーの抱える問題意識を以下の４段階に分類した。

OATHの法則

・Oblivious（無知）…自分の抱える問題を意識していない状態
・Apathetic（無関心）…問題に気づいていても解決しようとする意思がない状態
・Thinking（考えている）…問題の解決策を考えている状態
・Hurting（困っている）…今すぐ問題を解決したくて困っている状態

読み手がどの段階にいるか考えよう。それによりあなたの書くべき文章も変わってくる。

鬼100則 34

いまだけここだけあなただけ

あなたは、テレビの通販番組を見て、ついつい買ってしまったことはないだろうか？

その時に何が決め手になっただろう？　商品に魅力を感じたことはもちろんのこと、以下のようなフレーズが最後の決め手になったのではないだろうか？

「今から1時間以内に限り受付」
「初回の方に限りなんと50％オフ」
「本日限り、２割増量中」
「この番組を見ていただいたあなただけにもうひとつプレゼント」
「限定３００セットとさせてください」

そう、人は「〇〇だけ」「××限り」「限定」という言葉に弱い。

通販業界には、コピーには必ず「**いまだけここだけあなただけ**」の要素を入れろという鉄則がある。この言葉を分解すると以下のようになる。

いまだけ　＝時間の限定
ここだけ　＝場所の限定
あなただけ＝情報の限定　特別感　承認欲求

では、なぜ人は限定という言葉に魅力を感じるのだろう？

それはその商品やサービスに「希少性」が生まれるからだ。人は手に入りにくいものを手に入れたくなる。機会が限られていると貴重なものに思えてくる。これは、「今買わなければ、もう買えなくなり損しますよ」という情報が裏に隠されているからだ。

いつでも買うことができると思ったら、人は、もう少し考えてからにしよう、と思ってそのうち忘れてしまう。行動させるためには、「限定」で背中を押すことも必要だ。

ただし、今の時代、嘘の限定を繰り返すと、消費者に見破られてしまう。嘘が分かると、信頼性が一気に欠如する。

鬼100則 35

絞れば、刺さる

あなたがタイトルや見出しなどを書く時、ついついやってしまいがちなのは、多くの人に向けて呼びかけてしまうということだ。

まずは、タイトルや見出しで、ターゲット（対象）を絞って呼びかけよう。

その条件に合う人間は、自分に呼びかけられたと思う。その結果、文章の中身を読もうと思ってくれる確率が上がる。自分と関係があると思うからだ。

まず分かりやすい絞り方として、「属性で絞る」という方法がある。「属性」とは、性別・年齢・職業・居住地・所属先・身体的特徴などのことを言う。

たとえば、以下の2つの商品があったとする。

Ａ　みんなの自動車保険

Ｂ　40歳以上のあなたへ　大人の自動車保険

Aが多くの人に呼びかけている商品名であるのに対して、Bは40歳以上に限定している。どちらの方が自分に関係があると思うだろう？

もしあなたが、40歳以上だとしたら、断然Bだ。

次に、東京の新宿で女性向け商品の広告ポスターを出稿する場合。以下の2つのキャッチコピーでは、どちらの方が自分に関係があると思ってもらいやすいだろう？

C　働く女性のみなさん
D　新宿で働く女性のみなさん

ターゲットを絞るというと、多くの人に届かないのではないかと心配する人がいる。

むしろ逆だ。多くの人に届けようとすることで、結局、誰の心にも刺さらない1行になってしまうことが多い。

もうひとつ重要なポイントは、BもDも、実は「絞っているようで絞っていない」というテクニックを使っているということだ。Bであれば、現在、日本のドライバーの多くは40歳以上である。Dは新宿に掲示するポスターなのだから、言わずもがなであろう。

鬼100則 36

「お金を稼ぐ文章」が書けないあなたへ

ターゲットの絞り方には、「属性」以外に「内面的要素」がある。「内面的要素」とは、人が心の中で抱えている「悩み」「価値観」「願望」「思想」などのことを言う。

たとえば、この頃のタイトルも、「お金を稼ぐ文章が書けない」という悩みで絞ったものだ。そしてこの絞り込みをさらに有効にするには、絞った相手に、何か行動を促すフレーズを入れることだ。たとえば、以下のように。

お金を稼ぐ文章が書けないあなたへ。
まずは以下の3つの方法だけでも試してください。

ターゲットを絞って呼びかけると、後ろの行動促進のフレーズがあまり押しつけられている感じがせず、抵抗なく受け入れやすくなる。

内面的要素で絞る時にも、前項で紹介した「絞っているようで絞っていない」というテクニックは使える。たとえば「自動車保険」のコピーで言うと、以下のように絞ればいい。

自動車保険代を節約したいドライバーへ

「自動車保険」を節約したいかしたくないかで言うと、大半の人は「節約できるなら節約したい」と思うだろう。つまり、絞っているようで絞っていないのだ。

さらに、前項で取り上げた「属性」での絞りと組み合わせてみよう。

自動車保険代を節約したい40歳以上のドライバーへ

2つの条件で絞っているが、両方に該当する人は数多くいる。

まとめると、ターゲットの絞り方は大きく分けると以下の2つ。

1、属性（性別・年齢・職業・居住地・所属先・身体的特徴など）で絞る

2、内面的要素（悩み・価値観・願望・思想など）で絞る

鬼100則 37

本音を代筆する

あなたが電車に乗っていて、雑誌の中刷り広告を見ている場面を想像してほしい。そこに以下のような特集コピーが書かれていたら、どう感じるだろうか？


「夫よ！　食器洗いくらいでドヤ顔するな」

「ひとり好きだけど子どもは欲しい」

「お墓はもういらない」

「好きだけどできない」

「過労死寸前なのは私だ」


もし、「自分が心の中で思っていること」「妻や夫が思っていそうなこと」があったとしたら、その雑誌を手に取ってみようと思うはずだ。（例はいずれも雑誌『ＡＥＲＡ』の特

集コピー）

なぜだろう？

それは**誰か一人の「本音（＝インサイト）」をそのままコピーにしているから**だ。

一人の本音は、多くの人間の本音である可能性が高い。つまり、多くの人に「自分に関係がある」と思わせることができるということだ。

このように、読み手のインサントに寄り添った1行は読む人の共感を呼ぶ。文章で伝えるべき「ワンメッセージ」にもなりうる。ビジネス文章でもこの手法を使うと「自分に関係がある」と思ってもらえる可能性が高まる。

そのためには、文章を書く時、「これを読む人はどんな風に思っているだろう」というインサイトを常に考える習慣を身につけることだ。そして、読み手の気持ちを代筆するつもりで書いていくのだ。

とはいえ、性別や年代が異なる相手に向けて書く時に、なかなかインサイトを想像できないこともあるだろう。そんな場合は、想定されるダーゲットが読みそうなメディアをできるだけ読むことをオススメする。たとえば、あなたが男性であって、女性向けの商品を売っているのであれば、女性誌が参考になるだろう。

鬼100則 38

そこに「あのニュース」はあるか？

人は、「何か新しい情報＝ニュース」が好きだ。

考えてみたら、新しいからといって有益とは限らない。古くから伝わっているものの方が役立つことも多い。それでも人は新しいことに魅力を感じ、自分に関係があると思う。なぜなら人間には新しい情報を快楽だと受け取る性質があるからだ（もちろん人によってその感度は大きく変わる）。

あなたが何かを発信する時、タイトルや見出しで「これは新しいニュースですよ」ということが分かるようにすれば、読み手は「自分に関係がある」と思いやすくなる。

たとえば、以下のようなフレーズを入れると、ニュースになりやすい。

①「初」「新」を入れる。

「世界初」「日本初」「〇〇県初」「業界初」など「初」は、ニュースになりやすい。

②年月・日時・曜日などを入れる。

具体的な年月・日時・曜日などの要素が入っていると、ニュースだと思いやすい。

③「ついに」「とうとう」「いよいよ」「待ちに待った」などの言葉を入れる。

多くの人が待ち望んでいたイメージになるので、ニュース性を感じやすい。

④「あの」「話題」「注目」「期待の」「〇〇で紹介された」などの言葉を入れる。

多くの人が注目しているというイメージが生まれ、ニュース性を感じやすい。

⑤「発表」「公開」「宣言」「告白」「速報」などの言葉を入れる。

何か新しいことが発表されるというイメージで、ニュースになりやすい。

⑥「限定」「〇〇限り」「特別に」「今なら」「これで最後」などの言葉を入れる。

「今だけ」「ここだけ」というフレーズが入ると、ニュース性が高くなる。

ただし、ネット社会になり、このようなフレーズが世の中に氾濫しているので、多くの人はやや疑い深くなっている。あまり中身とかけはなれたニュース性を訴求するのは、長い目で考えると得策ではない。

盛りすぎず、しかし、きちんとニュースであることを伝えることが重要だ。

個人的なニュースをつくる

前項でニュースになりやすい言葉を紹介した。

しかし、あなたが発信したい商品に、ニュースがない場合はどうすればいいだろう？

てっとり早いのは「自分でニュースをつくる」ということだ。

たとえば、とある有名書店員は、自分の名前を冠した文学賞を制定している。審査員は自分一人。独断で賞を決めるのだ。そして芥川賞直木賞の発表日に合わせて、その賞を店頭で発表する。すると、その店では、芥川賞直木賞受賞作よりも個人的な文学賞の方が売れることもあるという。

とあるスーパーは「惣菜総選挙」というイベントを実施した。それぞれの惣菜を推すバイヤーの写真と公約を選挙ポスター風に張り出し、お客さんに投票してもらうというものだ。１位になった惣菜を公約した割引価格で売り出すことで、売上に大きく貢献した。

このような方法は、どのような業種であっても応用できるだろう。

酒屋であれば、1年ごとに日本酒・焼酎・ワインなどのカテゴリー別に賞を作る。パン屋であれば、パンの人気投票をする。他にもいくらでも考えられる。

特定の日をニュースにするという方法もある。

バレンタインデーは、欧米の恋人たちがカードを贈りあう習慣があったのを、あるチョコレート会社が「**年に一度、女性から男性への愛の告白を！**」というキャッチコピーで売り出したことが始まりだ。ホワイトデーは、飴菓子の協会が3月14日をキャンデーを贈る日と定め、「**愛にこたえるホワイトデー**」というキャッチコピーで販売イベントを実施したことが始まりである。どちらも定着するのに10年近くかかった。

昭和時代の終わり頃、ミリオンセラーになった『サラダ記念日』という短歌集があった。その表題にもなっている短歌は以下のようなものだった。

「この味がいいね」と君が言ったから七月六日はサラダ記念日

理由はなんでもいい。このように勝手に記念日を作り、それをニュースにしてあなたの商品を売るという方法もある。

存在理由を書け

本章では「働く文章」を書く上で、「何を言うか（What to say）」の基本的な考え方を述べてきた。これらの考え方にしたがって文章を組み立てていくことは重要だ。

しかし、さらに高い次元で、さらに強い文章を書く秘訣がある。それは「商品」「企画」「会社」「ブランド」「あなた自身」の存在理由を書くということだ。

ＴＥＤトークで有名なサイモン・シネックは、著書『ＷＨＹから始めよ』の中で、存在理由のことを「ＷＨＹ」と表現し、以下のような内容のことを書いている。

熱狂的な信者がいるようなブランドは、マーケティングコミュニケーションにおいて必ずと言っていいほど「ＷＨＹ」から語っている。

たとえば、多くの会社は以下のようなコミュニケーションをする。

われわれはすばらしいコンピューターをつくっています。美しいデザイン、シンプルな操作法、取り扱いが簡単。一台いかがですか？

しかし、アップルの創業者スティーブ・ジョブズは以下のように存在理由から語ったことで熱狂的な信者を生み出した。

現状に挑戦し、他者と違う考え方をする。それが私たちの信条です。製品を美しくデザインし、操作法をシンプルにし、取り扱いを簡単にすることで、私たちは現状に挑戦しています。その結果、すばらしいコンピューターが誕生しました。一台いかがですか？

2つのメッセージで伝えたいことは、ほぼ同じだ。しかし読み手側にとっては感じ方が大きく異なる。「なぜ、その事業をしているのか？」という存在理由が明確になっているからだ。そのメッセージに人の心は動く。

あなたも、何かを文章で訴えたい時には、その「存在理由」から書こう。

第 3 章

Skill
～鬼技術～

言葉には翼があるが、思ったところに飛んでいく訳ではない。

ジョージ・エリオット

文章は、用いる言葉の選択で決まる。日常使われない言葉や仲間うちでしか通用しない表現は、船が暗礁を避けるのと同じで、避けなければならない。

ユリウス・カエサル

他人と違う何かを語りたければ、他人と違った言葉で語れ。

スコット・フィッツジェラルド

鬼100則 41

アンチ主流

第1章で、働く文章には、「ワンメッセージ」が必要であることを書いた。その「ワンメッセージ」には、「新しい発見」がないといけないということも。言い換えると、コンセプトを明確にするということだ。

41〜50の項にかけては、新しい発見が生まれる「ワンメッセージ」をどのように生み出していけばいいかについて書く。それは40項で書いた「存在理由」とも繋がる。

まず一つめの方法は、「**主流と反対の意見を掲げる**」というものだ。

そもそも誰もが言っている意見（＝主流）をなぞるだけであれば、新発見のあるメッセージにはならない。そういう意味では、一番考えやすい方法だと言える。

お手本となるのは、１９５９年、アメリカで始まったドイツ車フォルクスワーゲンのキャンペーン。ほとんどが余白の紙面に、小さいビートル車のイラストと、小さく以下のキャッチコピーが入ったものだ。

Think small（小さく考えよう）

当時のアメリカは、大きいことが正義だった。自動車に関しても、燃費が悪いガソリンを食う大型車が主流。大きければ大きいほどいいと思われていた。

広告も、いかに大きく見せ、大きいことをアピールするかに注力されていた。誇大広告もまかり通っていたという。

そんな中、フォルクスワーゲンは、あえて主流とは反対の「小さいクルマこそが合理的である」というメッセージを打ち出した。小さいクルマの方が、駐車しやすく小回りもきくし価格もガソリン代も安い。その分のお金を他の買い物に回すことができる。

このメッセージは、心の底では必ずしも大型車を欲しいと思っていなかった消費者層に刺さった。大きなインパクトを与え、大ヒットしたのだ。

世の中の主流となっている考え方と反対＝アンチ主流の意見を考えてみよう。新しい発見がある「ワンメッセージ」が生まれることが多い。

鬼100則 42

常識を反転させる

新しい発見のある「ワンメッセージ」の作り方、その2。

前項と少し重なる部分はあるが、「**常識を反転させる**」という手法を紹介しよう。

人間は、意識するしないにかかわらず、常識的な考えに支配されている。自分が常識と思っていることと違うタイトルを見ると「何で?」と思う。

そして疑問を解決する答えを知りたいと思い、文章の中身を読んでみたくなる。つまり新しいワンメッセージになりやすいのだ。

あなたが経営コンサルティング会社の社員だったとする。得意先に「営業スタイルの改善」を提案するとして、新発見があり相手に興味を抱かせるタイトル（ワンメッセージ）を考えてみよう。

「営業」というと、一般的には何かしらの売り込みをかけるということだ。その常識を反転させてみる。売り込みという行為をなくしてしまうのだ。するとたとえば、以下のようなメッセージを思いつくかもしれない。

「営業せずに営業する方法」のご提案

どんな提案か、中身を読んでみたくならないだろうか？

さらにもっと、常識を反転させていくと、たとえば次のようなメッセージを思いつくかもしれない。

「得意先から営業される営業法」のご提案

どんな提案か、ぜひとも聞いてみたくならないだろうか？

もちろん、タイトルに見合うだけの中身がなければ、「な～んだ」と思われ、逆効果なのは、言うまでもない。しかし、まず新発見のあるワンメッセージが決まれば、そこから逆算して中身を考えていくこともできる。企画や商品開発などでも有効な考え方だ。

鬼100則 43

勝手に新定義

新しい発見のある「ワンメッセージ」の作り方、その3。

本来のその言葉の意味とは違う、**「新しい定義を勝手に作る」**という手法だ。うまくハマると、受け手にとって新しい発見のある「メッセージ」になる。大げさに言うと、新しい「世界観」を世の中に提出することができる。たとえば、以下のフレーズを見てほしい。

芸術は爆発だ

1980年代にCMのキャッチコピーとして使われ、その年の流行語大賞を取ったものだ。本来、芸術と爆発は論理的には繋がっていない。しかし勝手に新定義したことで、新しい発見のあるメッセージになっていることが分かるだろう。

かわいいは正義

これは漫画の帯に使われたキャッチコピーだ。こちらも「かわいい」という言葉を「正義」と勝手に新定義したことで、新しい発見のあるメッセージが誕生した。

この手法は、基本的にはひとつの型で押し切ることができる。それが以下のものだ。

「○○は××だ」

あなたが扱うテーマ（○○）を右記の式にあてはめて、新定義（××）を考えてみよう。たとえば「恋愛」について書くなら「恋愛は××だ」という風に。

「××」が元々の意味だったり、距離が近すぎると化学反応が起きない。かといって、ただ意味が離れているだけでは発見は起きない。

今までにない定義ではあるが、何らかの真理が含まれている。そんな新定義を見つけるまで言葉を組み合わせてみよう。あなたオリジナルの「ワンメッセージ」になっている可能性がある。

鬼100則 44

「伝わる文章」から「働く文章」に

新しい発見のある「ワンメッセージ」の作り方、その4。

「現状の姿」と「未来の姿」を対比することで、**「今と違う新しい場所に向かう（向かっている）ことを明確にする」**という手法だ。

たとえば今では当たり前になっている駅の改札内の商業施設。特にJR東日本が運営している「エキュート」はその代表だろう。もともとは少子高齢化が進む中、鉄道会社が人を運ぶだけでは早晩立ちゆかなくなる、という思いから計画されたものだ。その立ち上げの際の社内会議でのキーメッセージは、以下のものだった。

「通過する駅」から、「集う駅」へ

「現状の姿」を「通過する駅」という言葉で表し、目指す「未来の姿」を「集う駅」という表現で対比したもの。「駅」を電車に乗るという目的以外の商業施設にしていくというコンセプトを見事に言い表したものだった。

1990年代に廃園の危機にあった北海道旭川市の旭山動物園が、リニューアルしていく際のコンセプトは、以下のものだった。

形態展示から行動展示へ

今までの動物園はただ動物の姿を見せる（＝形態展示）だけだった。しかし、新しい旭山動物園は動物本来のいきいきと動く姿を見せる（＝行動提示）動物園になる、というメッセージを表現したものだ。

どちらも抽象化すると、**「××から○○へ」**になる。

「××」には現状の「古い姿（考え方）」。「○○」はこれから目指す「新しい姿（考え方）」が入る。

この形で「ワンメッセージ」を作ると、現状と違う場所へ向かうということが明確になるのが分かるだろう。つまり、新しい発見があるメッセージになりやすいのだ。

鬼100則 45

目指す場所を明確に

新しい発見のある「ワンメッセージ」の作り方、その5。

前項と少し似ているが、現状と対比させるのではなく、**「未来に目指す場所のみを明確にする」**という手法だ。

すべてのデスク上と家庭内にコンピューターを

マイクロソフト社の創業者であるビル・ゲイツが19歳で、ポール・アレンとともに起業した時に掲げたビジョンだ。コンピューターというと超大型なのが当たり前で、まだパーソナルコンピューター（ＰＣ）がようやく開発されたばかりの時代。高価でとても一般の人に行き渡るなど考えられない時代には、とても強いメッセージになった。

私たちは10年以内に月に行くことを選択する

アメリカ第35代大統領Ｊ・Ｆ・ケネディが、ライス大学で実施したスピーチで語ったフレーズだ。当時、ソ連との宇宙開発競争で大きな遅れをとっていたアメリカにおいて、考えられないような壮大なメッセージだった。

このように、未来に目指す場所を明確に語ると、新しい発見のあるメッセージになる。

ちなみにどちらのメッセージも当時は絶対不可能と思われていたが、ビル・ゲイツは約30年で、ケネディはわずか８年で実現させた。

目指す場所は、必ずしも具体的に評価できるものでなくてもかまわない。

日本一おもしろいタワーをめざす

これは大阪にある通天閣が掲げている旗印だ。「おもしろい」の感じ方は人それぞれで明確な尺度で評価できるものではない。しかし、普通タワーと言うと「高さ」「形」「景色」などをアピールする中で、「日本一おもしろい」というのは新しく強いメッセージとして機能する。

あなたも、商品・会社・自分自身が目指す場所を明確にしよう。

鬼100則 46

言葉を化学反応させる

新しい発見のある「ワンメッセージ」の作り方、その6。

それは「**言葉の組み合わせによって新しい概念をつくる**」という手法だ。

たとえば、新国立競技場の設計などで有名な建築家の隈研吾さん。自分の建築のコンセプトを以下のワンメッセージで表現している。

負ける建築

「負ける」も「建築」も平凡な言葉だ。しかし組み合わせると化学反応が生まれる。

意味的には「建物そのものの存在感を強めるのではなく、まわりの自然や環境と調和する建築」ぐらいの意味だ。しかし「調和する建築」では印象に残らない。

普通なら組み合わされない言葉なので、新しい発見がある「ワンメッセージ」になっているこ とが分かるだろう。

英会話学校の「NOVA」が掲げている以下のコピーもそうだ。

駅前留学

「駅前」と「留学」というもっとも対極にある言葉を組み合わせていることで、化学反応が生まれ、インパクトのある新しいメッセージになっている。このコピーは既に30年近くも使われているが、なかなかこれを超えるものは考えつけないだろう。

本来、矛盾した意味の言葉を組み合わせることで、新しい意味を生み出す修辞法のことを「**対義結合（オクシロモン）**」と呼ぶ。

たとえば、以下のような慣用句は対義結合の一種と言えるだろう。

「負けるが勝ち」「うれしい悲鳴」「急がば回れ」「公然の秘密」「小さな巨人」「生きる屍」など。本来であれば、意味のないフレーズになるはずであるが、何か新しく深い意味を感じることが多い。

何か新しい発見のあるワンメッセージを作る時に、この手法は大いに参考になる。

鬼100則 47

アナロジーで直感的に

新しい発見のある「ワンメッセージ」の作り方、その7。

それは「**アナロジーによって新しい概念をつくる**」という手法だ。

アナロジーとは「Aを説明する時、Bに置き換えて表現すること」を言う。この場合、AとBの間に、何か共通点がなければならない。うまいアナロジーで表現すると直感的に理解できるので（たとえ論理的によく考えたら合っていなくても）、新しいメッセージに感じやすい。

松下電器産業（現パナソニック）の創業者・松下幸之助は、自らの経営思想を公園の「水道水」のアナロジーで表現した。それは以下のような内容だ。

水道水は本来価値のあるものである。しかし公園の水道水を誰かが勝手に飲んでもとがめられることはない。それは量があまりに多く価格が安いからだ。松下電器の使命はこのように、物資を豊富に生産し安く提供することで貧困を克服し、世の中を幸福にすることにある。

松下幸之助のこの経営思想は、**「水道哲学」**と呼ばれ、ある時期まで多くの経営者に信奉されていた。

ＬＣＣ（格安航空会社）のピーチが掲げるコンセプトは**「空飛ぶ電車」**というもの。

ちなみに「空飛ぶ電車」とは以下のようなことを言う。

・お客さんは駅の改札を通るように自身で自動チェックイン機を通る。
・基本は自由席。指定席は追加料金。
・定刻になるとお客さんを待たず無慈悲に出発する。
・電車のワゴンサービスのように飲食物は有料で提供する。
・映画や音楽などのエンターテインメントは一切なし

確かに考えてみれば、電車ではそれが当たり前だ。同じ乗り物でも、飛行機と電車の間には大きな差があった。それを「空飛ぶ電車」という分かりやすいアナロジーで表現したことにより、今までの航空会社になかった斬新なワンメッセージを発信することに成功したのだ。

鬼100則 48

目指す方針に名前を

新しい発見のある「ワンメッセージ」の作り方、その8。

それは「プロジェクトの目指す方針に名前をつける」という手法だ。この場合、名前があればいいというものではない。名前の中に何かしらの新発見がなければ、刺さるワンメッセージにならないことは言うまでもないだろう。

ID野球

故・野村克也氏が、1990年にプロ野球ヤクルトスワローズの監督に就任した際に掲げたスローガンだ。「ID」はImportant Dataの略で、経験や勘に頼らずデータをもとにチームの作戦を考えるというもの。今では当たり前の戦略になっているが、当時としては斬新なメッセージだった。

ジェパンウェイ

２０１２年、ラグビー日本代表のヘッドコーチに就任したエディ・ジョーンズが掲げたスローガンだ。これは、海外の強豪チームに比べて体格で劣る分、日本人らしい俊敏さや集団への忠誠心などを武器に戦おうというメッセージだった。

このメッセージにより、進むべき目標が見えたチームは、２０１５年のワールドカップで、強豪南アフリカを破るという大番狂わせを演じた。

ピラニアタックル

２０２１年、全国高校ラグビーで準優勝をした京都成章高校がおこなったタックルの代名詞だ。ボールを持った相手に何名かで群がり、食いついたら絶対に離さないタックルのことをそう名づけた。前項の比喩の部分もあるが、名前がつくことによって、どのような方針でタックルしていけばいいのかが明確になるのが分かるだろう。

あなたも、実施するプロジェクトの方針に、新しい発見のある名前をつけてみよう。そのメッセージが浸透しやすくなる。

新しい概念を発明する

新しい発見のある「ワンメッセージ」の作り方、その9。

それは「**新しい概念を発明する**」という手法だ。あなたが提供する商品やサービスに、新しい概念を表す名前をつければ、それが発見のあるメッセージになりやすい。

サードプレイス

スターバックスの創業時からのコンセプトである。

もともと社会学者が提唱していた概念だ。

「ファーストプレイス」は自宅などの生活を営む場所。「セカンドプレイス」はオフィスなどの働く場所。「サードプレイス」は、自宅でも職場でもない、その中間にあって個人としてリラックスしてくつろぐことができるような「第三の居場所」のことを指す。

創業者のハワード・シュルツはアメリカにもこのサードプレイスが必要だと考えた。

イタリアにはバールが、イギリスにはパブが、フランスにはカフェという文化があるのに、アメリカにはなかったからだ。そしてスターバックスコーヒーを創業する際に打ち出したのが「サードプレイスをつくる」というメッセージだったのだ。

世界最高の仕事

オーストラリア・クイーンアイランド州の広告キャンペーンのキャッチコピーだ。クイーンアイランド州には、世界遺産にもなっている「グレート・バリア・リーフ」付近の島々も含まれている。しかしリゾート地としての知名度は低かった。

そこで知名度を上げる広告キャンペーンの中で「ハミルトン島の管理人を『世界で最高の仕事』として募集し、その選考過程を公開する」というアイデアが生まれたのだ。仕事内容は雑務と週に一度のブログでの情報発信だけで、待遇はプール付きの豪邸に住み、半年で約1000万円の報酬。「世界最高の仕事」には、世界中から多くの応募があり、色々な国のニュースでも取り上げられ、キャンペーンは大成功だった。

このように、今までにない概念に名前をつけると、強いメッセージになりやすい。

鬼100則 50

神の視点で

新しい発見のある「ワンメッセージ」の作り方、その10。
それは「**神の視点で語る・提案する**」という手法だ。
まず、あなたが提供する商品やサービスをもっと俯瞰的な視点で見直してみる。すると
そこに社会的意義を見い出せる可能性がある。その社会的意義を読み手や社会に提案する
ことで、新しい発見のあるメッセージにするという手法だ。
たとえば、ビル・橋・トンネル・ダムなどを建築するというゼネコンの仕事を、神の視点で見てみる。すると、以下のようなメッセージが生まれるかもしれない。

地図に残る仕事。
大手ゼネコン大成建設で長らく使われているキャッチコピーだ。このコピーに魅せられて、入社した社員が大勢いるはずだ。

１９９０年代はじめのバブル期に、ＪＲ東海のキャンペーンは以下のものだった。

日本を休もう

キャンペーンで創られたＣＭの内容を要約すると「平日に有給休暇をとって旅行に出かけよう」というものだ。ただそれだけだと多くの人の共感を呼ばない。しかしこのように神の視点から俯瞰して「日本を休もう」という社会的意義を提案することで、多くの人に刺さるメッセージになった。

がんばるな、ニッポン

２０２０年コロナ禍で流れたサイボウズのＣＭのコピーだ。こちらも端的に言うと「社員のためにもテレワークを推進しましょう。その際、サイボウズのサービスが色々お役に立ちますよ」ということだろう。それを神の視点で「かんばるな、ニッポン」と社会問題として提案することで、多くの人の共感を得るメッセージになった。

あなたが提供する企画・商品・サービスなども、神の視点で見てみると、社会的意義をともなう提案にできないか、考えてみよう。

鬼100則 51

「断言」は、サービスだ

ここからは、タイトル・見出し・キャッチコピーなどで、中身を読んでみたくなるような具体的な技術について紹介していく。もちろん冒頭の文章や文中にも使えるテクニックでもある。

まずは、「断言する」「短く言い切る」という手法だ。多少強引であっても、断言されると、確かにそうかもと思う。言葉が脳に届くスピードが早いので、素直に意味が入ってくるのだ。43項の勝手に新定義も、この手法の一種と言えるだろう。

以下はいずれも雑誌の特集の見出しだ。

「結婚はコスパが悪い」
「働くほどデブになる」
「謝り方ですべてが決まる」

「ファッションは顔だ」

いずれも、内容が本当に正しいかどうかは分からない。しかし、短く断言することで力強いフレーズになっている。

ドラマなどで印象に残るセリフも、この短く言い切るという手法が使われている。

「やられたらやりかえす。倍返しだ」（『半沢直樹』）
「訴訟は勝つか負けるかのギャンブルだ」（『リーガルハイ』）
「それは好きの搾取です」（『逃げるは恥だが役にたつ』）
「愛しているけど好きじゃない」（『カルテット』）

長い文章になりかけたら、無駄な言葉は避けてまず短く言い切ってみよう。

正確に言えば、世の中の事象で完全に断言できるものなどほとんどない。それを分かった上で、あえて断言する。すると、受け手に刺さるフレーズになり、記憶にも残りやすくなる。断言は、読み手へのサービスだと思うべし。

鬼100則 52

私は未来を宣言する

正しい未来を予言できる人は誰もいない。

それだけにリスクを負って、未来のことを予言して言い切ると、力を持つフレーズが生まれる。この時、「〇〇すると」という前提条件をつけて、読み手の「ベネフィット」になることを断言すると、自分に関係があると思いやすい。

『体温を上げると、健康になる』

『おしりを鍛えると一生歩ける』

『親指を刺激すると脳がたちまち若返りだす！』

これらはすべて書籍のタイトルである。それぞれ「〇〇すると」という前提条件がついた上で、「健康」「一生歩ける」「若返りだす」というベネフィットが断言されている。

また読者側が「宣言して未来を言い切る」という形のフレーズは共感を呼びやすい。

以下はいずれも女性誌の特集のコピーだ。


「私はメークでおばさんにならない」

「この夏、『たった5枚』でかわいくなる」

「太って見える服はもう着ません！」


読者の代表が語っているような形になるので、押しつけられている感じが少なくなる。

もし、あなたが社内報の担当者だとして、テレワーク推進のため「出社を減らそう」という記事を書く時のことを想像してほしい。

「無駄な出社はやめましょう」と会社目線の見出しにするよりも、以下のように「宣言して未来を言い切る」という形にしてみたらどうだろう？

「無駄な出社はもうしません！」

この方が、「自分も出社しないでおこう」と思う見出しになる。

鬼100則 53

それでもなお、読者に命令しなさい

タイトルや見出しに命令形を持ってくるという手法だ。

人は命令をされると、反発を覚えるのが一般的だ。しかしマイナスの感情を持つということ自体、心を動かされている証拠だ。

特に、なかなか振り向いてもらえなかったり、競争が激しく、スルーされる確率が高い場合は有効だ。本のタイトルに命令形が多いのは、そのような理由からである。

『それでもなお、人を愛しなさい』
『お客様は「えこひいき」しなさい!』
『小さいことにくよくよするな!』
『スタバではグランデを買え!』
『長生きしたけりゃふくらはぎをもみなさい』

書店に数多くの書籍が並ぶ現在の状況では、多少反感は持たれても無視されるよりはマシなのだ。特に健康や自己啓発の分野の書籍とは相性がいい。

通常、ビジネスシーンで命令形のタイトルや見出しを用いることはかなりリスクが高い。しかし、普通に送ったら無視されてしまうようなダイレクトメールやセールスレターなどでは、あえて命令形を使ってみるのもひとつの手だろう。その場合、「××しないでください」という「否定の命令形」を使うと効果がある。

たとえば、得意先に「自社のシステムの導入」を勧める提案をする時。先方があまり積極的に話を聞こうとしていない場合、あえて1ページ目に以下のような命令形のフレーズを載せてみる。

「本気で会社を変える気がないなら、このシステムは導入しないでください」

ひっとしたら得意先はハッとするかもしれない。

そこで引き込むことができたら、あなたの会社のペースに持ち込める可能性が高まる。

鬼100則 54

なぜ「問いかけ」は有効なのか？

あなたの書く文章は、読み手に何か問いかけているだろうか？

人は何かを問いかけられると、そのことについて答えを探す習性がある。

つまり「自分と関係がある」と思いやすいということだ。その習性を利用しよう。

特にタイトルや見出しなど最初の1行で相手に問いかけると、「自分に関係がある」と思ってもらいやすくなる。

ただし、どんな問いかけでもいいということではない。問いかけるという手法は、よく使われるテクニックだからだ。平凡で一般的な「問いかけ」では、受け手にスルーされてしまう危険性もある。

あなたが書く「問いかけ」は、以下の「問いかけ」になっているだろうか？

・答えを知りたくなる問いかけか？

・「そう言われてみればなぜだろう？」と疑問に思う問いかけか？
・真剣に考えるに値する本質的な問いかけか？
・何か新しい発見がある問いかけか？
・思わずドキッとするような鋭い問いかけか？
・何か行動に駆りたてるような問いかけか？

「そう言われてみればなぜだろう？」と疑問に思う問いかけは、本のタイトルでよく使われている。その走りはミリオンセラーになった**『さおだけ屋は、なぜ潰れないのか』**である。
思わずドキッとする問いかけとは、たとえば以下のようなものだ。

「昨日は、何時間生きていましたか？」（渋谷パルコ）
「恋を何年、休んでいますか？」（新宿伊勢丹）

どちらも、80年代当時、話題になった広告コピーだ。
あなたも、積極的に読者に問いかけてみよう。

鬼100則 55

親身に語りかけられると、親近感を抱きませんか？

想像してほしい。

あなたが毎日、子どもにお弁当を作っているとする。スーパーで買い物をしていると、物菜売り場に以下のようなＰＯＰがあったとしたら、どう感じるだろうか？

毎日のお弁当のおかず、大変じゃありませんか？

おそらく「そうそう、大変なんだよ」と思うはずだ。

このように、思わず「はい」「そうそう」「確かに」「何で分かるの？」「ありがとう」などと肯定的に答えてしまうような「親身な語りかけ」をされると、人はその相手に親近感を抱きやすくなる。

語りかけのフレーズは、読み手が悩んでいることと合えば合うほど、効果を発揮する。

たとえば、あなたが腰痛持ちだとする。どこで治療を受けても治らない。そんな時、ある街の商店街を歩いていたら、整骨院の看板に以下のようなキャッチコピーが書かれていたらどうだろう？

その腰痛、あきらめてませんか？

かなり気になるのではないだろうか？
たとえば、あなたが、得意先の売上げを増やす提案をするとしよう。
「来年度の売上げを10％上げる方法」というタイトルの企画書だったらどうだろう？
まず「本当かよ」と思うのが普通だ。だとしたら以下のように親身に語りかけてみよう。

来年度の売上げを10％上げたくありませんか？

このように、親身に語りかけられると、「そりゃ上げられたら上げたいよ」と肯定的な反応が芽生える。そうなると、中身もポジティブに読んでもらえる可能性が高まる。

断定か？　問いかけか？

ここまでタイトルやキャッチコピーの型についていくつか紹介した。キャッチコピーの型は、「断定」「問いかけ」に二分されると言っていい。どのような場合に、どちらの型を使った方が有効なのだろうか？

ボストン大学キャロル・スクール・オブ・マネジメントのヘンリック・ハクトヴェット博士は、広告のキャッチコピーで、「断定」と「問いかけ」のどちらを使った方が、消費者の商品購入に繋がるかを調べる実験をした。

400人以上の被験者に、さまざまな商品の画像を見せ、画像ひとつひとつに音楽と販売促進用のキャッチコピーを添えた。被験者は2つのグループに分けられ、片方には「断定」、もう片方には「問いかけ」のキャッチコピーが添えられた。

結果は2つに分かれた。

画像や音楽の刺激が強く、被験者がいわゆる「高覚醒状態」の時は、「断定」のキャッチコピーの方が効果的だった。

一方、画像や音楽の刺激が弱く、被験者がいわゆる「低覚醒状態」の時は、「問いかけ」のキャッチコピーの方が効果的だった。

つまりこういうことだ。消費者が興奮状態にある時や自分が強い関心を持っている商品であれば「断定」されることを好む可能性が高い。一方、消費者が冷静な状態でそんなに興味も持っていない商品であれば「問いかけ」の方を好む可能性が高い。

もしあなたが売ろうとする商品や提案する企画に対して、読み手が興味を持ってくれている場合は「断定」した方がいい。

逆に、読み手があなたの商品や企画に興味を持っていない時には、「問いかけ」の方がいいのではないだろうか？

これは、たとえば政治家の演説などで考えると分かりやすい。支持している候補者や政党の演説であれば、断定でズバズバ言ってくれた方がよりストレートに腹に落ちる。

一方、支持していない候補者の演説であれば、断定されると反感を覚えてどんどん気持ちが離れていく。そんな時は、問いかけから入った方がまだ聞いてもらえる可能性が高い。

鬼100則 57

数字で物語る

文章に具体的な数字を入れると、説得力が上がる。「数字が物語る」なんて言葉もあるくらいだ。数字を入れるだけでもドラマが生まれる。

うまく数字を使いこなすことができれば、短く相手に刺さるフレーズを生み出すことができる。

たとえば、以下の2つの見出し、どちらが印象に残るだろう?

A　ほとんどの人が泣いた

B　97・5%の人が泣いた

多くの人はBだろう。では以下はどうだろう?

C　これまでにたくさんの人にご来場いただきました
D　これまでに3万2588人の方にご来場いただきました

こちらもDの方が多いはず。

「ほとんど」「多く」「たくさん」「大きい」などの言葉では、人によって感じ方に大きな差が出てしまう。具体的な数字を入れると、あいまいさが消えて具体的になるので、力強く印象に残るフレーズになるのだ。

具体的な数字を入れるという手法は、企画書、プレゼンテーション、報告書、セールスレターなど仕事のあらゆる場面で有効な手法だ。


あなたのプロフィールには数字が入っているだろうか？

就職や転職する時の履歴書や経歴書などでも、実績をできるだけ具体的な数字であげると印象に残りやすい。

数字がないということは「物語」もないということだ。

端数で信憑性をキリよくインパクトを。

文章の中に数字を使う時、気をつけるべきポイントがある。

あなたが、その数字で「信憑性を高めたい」のか、「インパクトを残して記憶させたい」のかによってその使い方が変わるということだ。

数字で信憑性を高めたいのであれば、できるだけ細かな数字をそのまま表示することが望ましい。たとえ小数点以下であっても。

A　ある調査によると、日本人の8割以上がこの政策を支持しています。
B　経済産業省の調査によると、日本人の82・7％がこの政策を支持しています。

比べると断然Bの方が信憑性が高いのが分かるだろう。

逆に数字で相手にインパクトを与え記憶させたい場合は、できるだけキリがよく小さな数字にする方が印象的に残る。

Ｃ　昨年、年間３７万３５４７人が悪性腫瘍で亡くなりました。

Ｄ　昨年、死因の約３分の１が悪性腫瘍でした。

Ｃはその数字が多いのか少ないのかも実感が湧かない。Ｄは３人に１人というキリのいい数字で記憶に残りやすい。同じ数字であっても、切り口や単位を変えることで、より安く感じたり、効果が高く感じたりすることもある。

Ｅ　50杯入りで９５０円

Ｆ　１杯19円

Ｅだと高いのか安いのか判断がつきにくい。Ｆだと記憶に残りやすく、金額が安いことが明確になる。数字を使う時、場面場面でどのような数字を使うと意図した効果が生まれるかを考えながら使おう。

鬼100則 59

それ、何秒かかる？

タイトルに「達成するまでの時間」を書こう。読み手が興味を持ってくれる可能性が高まる。特に、かかる時間は短いのに、大きな成果や効果があるものであればなおさらだ。それだけベネフィットが大きいということだから。

以下のキャッチコピーを見比べてほしい。

A　とっても簡単にできる料理

B　10分簡単クッキング

A　わずかな時間で登録できます

B　15秒で登録完了

どちらもＢの方が試したくなるはずだ。お手軽にできそうだからだ。

広告にも「玄関あけたら2分でご飯」「10秒チャージ」など、このテクニックを使った記憶に残るキャッチコピーがある。

書店に行けば、このテクニックを使ったタイトルの本を数多く見かける。特にダイエット・美容・健康・料理などの女性向け実用本、話し方やコミュニケーションスキルを身につけるためのビジネス書など、読者が読んですぐに効果を期待する書籍では顕著だ。

あなたが、何かの記事のタイトルを書く時にはこのテクニックを使ってみよう。まず自分が書こうとしているテーマについて、かかる時間を考えてみるのだ。

たとえば、あなたが「人を惹きつける会話術」について書くとする。会話は第一印象が大切だから、かかる時間はできるだけ短い方がいい。だとしたら以下のようなタイトルにしてみてはどうだろう。

『たった1秒で人の気持ちをグッとつかむ会話術』

1秒は大げさだが、会った瞬間という意味で使える。

ただし、乱用すると安っぽかったり、怪しげに見えたりするので注意が必要だ。

ランキング大好き

あなたが、初めての店にケーキを買いに行ったとする。

数個買うつもりだが、たくさん種類があって決められない。

そんな時、「当店の人気ランキング第1位」というPOPがつけられているケーキがあればどうだろう？　まずはそのケーキを買ってみるという選択をしないだろうか？

また、ぜんぜん興味がなかったのに、興行収入第1位などのランキングを見て、ついその映画を観に行ったことはないだろうか？

情報が多すぎる現在では「多くの人が買っている」「支持している」という事実が大きなウリになる。

書店などで常に週間ベストセラーランキングを表示しているのもそのためだ。

「多くの人が買っている」という情報が、「自分も読みたい」という気持ちを起こさせる。

そこには人に乗り遅れたくないという「恐怖」や「不安」も潜んでいる。

あなたが売りたい商品やサービスは、何かのランキングに入らないだろうか？　ランキングに入れば、相手は買いたい気持ちが高くなる。

とはいえ、現実的にはランキングに入る、ましてや1位を取ることは、なかなか難しい。

その場合、範囲を絞ったり、限定したりして、基準を変えることで1位になるという手段がある。書籍の広告では「Amazonランキング1位！」とうたいながら、よく見ると総合1位ではなく、限定された分野での1位である場合も多い。それだけ1位というのはインパクトがあるということだ。

東大京大で一番読まれた本

これは、累計100万部を突破した超ロングセラー外山滋比彦著『思考の整理学』（筑摩書房）の帯に書かれたキャッチコピーだ。この帯になってから急激に部数を伸ばした。

事実を言えば、「東大・京大の生協の書店」という極めて限られた場所でナンバー1を取ったにすぎない。それをうまく活用して、日本で最も知的な場所で売れているというアピールに成功した。

3つたたみかける

あなたが発信したいものの特徴を3つ書き出してみよう。**特徴やコンセプトを3つに絞ってたたみかけると、リズムがよくなり記憶にも残りやすくなる。**たとえば、以下のように。

うまい　やすい　はやい（吉野家）

清く　正しく　美しく（宝塚歌劇団のモットー）

友情　努力　勝利（少年ジャンプの編集方針）

いずれも一度聞くだけでも記憶に残るフレーズになっている。これは日本語だけでなく世界共通の法則だ。

Grace Space Pace「優美さ　広さ、速さ」（ジャガー）
Buy it sell it love it「買って売って愛して」（イーベイ）

英語であっても、リズムが生まれるのが分かるだろう。
女性だけのフィットネスで急成長したカーブスは、１９９２年にアメリカで創業された時、その特徴を３つの単語で表現した。

No Man, No Make-up, No Mirror「男なし化粧なし鏡なし」

「男性の目を気にせず運動ができる」「ノーメイクでも気軽に行ける」「運動に集中するために鏡をなくす」という意味だ。
３つの単語でたたみかけるように表現したことで、今までのフィットネスクラブとはまったく違うものであると端的に表現することに成功した。

四年に一度じゃない

キャッチコピーで「**対句**」を使うと印象的なフレーズになりやすい。

「対句」とは、並べられた2つの句が対応するように作られた表現形式のこと。本来、詩歌・漢詩・ことわざなどによく用いられる修辞法だ。キャッチコピーで使うと、リズムがよくなることに加えて、お互いのフレーズを際立たせ、引き立てることで印象深いものになることが多くなる。

「対句」は細かく分けるとさまざまな型に分類できるが、大きく分けると以下の2つに集約される。

①並列型

- **前門の狼 後門の虎**（故事成語）
- **注意一秒怪我一生**（標語）

・NO MUSIC NO LIFE（タワーレコード）

・縛られたくなくて。離されたくなくて。（ルミネ）

②否定＋強い肯定型

・裸を見るな。裸になれ。（パルコ）

・事件は会議室で起こっているんじゃない。現場で起こっているんだ。（映画『踊る大捜査線』のセリフ）

・四年に一度じゃない。一生に一度だ（ラグビーW杯2019）

②の「否定＋強い肯定型」は、極端に言えば、後ろのフレーズだけでも成立する。「事件は現場で起こっているんだ」「ラグビーW杯は一生に一度だ」という風に。

しかし、前半に一度、否定を持ってくることで、後半の肯定がより強いフレーズになっていることが分かるだろう。つまり印象に残るということだ。

ぜいたくは素敵だ！

タイトルや見出しを考える時、**「本歌取り」**という手法がある。

「本歌取り」とは、本来は有名な古歌（本歌）の一部を取り入れる和歌の手法のこと。

そこから転じて、有名なタイトルやフレーズをもじって（誰にでも分かるような形で）新たなキャッチコピーを作ることを言う。元ネタがあることで、伝わるスピードが格段に速くなる。

たとえば、沖縄への社員旅行があって、あなたがその「旅のしおり」のタイトルを考えなければならないとしよう。普通に「旅のしおり」というタイトルではおもしろくない。

そんな時、この本歌取りの手法を使ってみよう。

「そうだ　沖縄、行こう」（「そうだ　京都、行こう」が元ネタ）
「社員旅行は準備が9割」（「人は見た目が9割」等が元ネタ）

「見せてもらおうか君の準備力とやらを」（ガンダムのセリフが元ネタ）

なんとなく、少し楽しそうな「旅のしおり」になった気がしないだろうか？

雑誌『ブルータス』が創刊してまもなくの１９８０年、ある号の特集は以下のタイトルであった。

ぜいたくは素敵だ！

これは、昭和10年代日本で数多く作られた「戦時標語」のひとつである、「ぜいたくは敵だ！」を本歌取りしたものである。

元の標語は、日中戦争の長期化で物資不足が深刻になった際、政府が国民の生活のあり方を改善しようとして作られたものだ。そこにたった1文字を加えることで、正反対の空気感が表現されたオリジナルなフレーズになっていることが分かるだろう。

鬼100則 64

オノマトペをほどほどに

オノマトペとは、擬音語や擬態語のことを言う。

擬音語は、「わんわん」「ぴよぴよ」「おぎゃー」「げらげら」「ざあざあ」「どんどん」「ひゅーひゅー」など、現実の声や音をそれらしく表現した言葉である。

擬態語は、「きらきら」「ぽかぽか」「ぷよぷよ」「すべすべ」「ぺこぺこ」「わくわく」など、何かの動きや様子を表すものや、人の感情・痛みなどの感覚を表現した言葉である。

どちらも子どもでも分かりやすい言葉で、臨場感があり、リズムが出る。

オノマトペが多いことは、日本語の特徴であり、うまく利用すれば大きな効果を発揮する。人の感覚へ、ぐわっと直接訴えかけるからだ。

たとえば、あなたが体のどこかに痛みがあって病院に行ったとする。その痛みをどう表現するだろうか？

きっとオノマトペを使うはずだ。実は痛みを現すオトマトペだけでも、「ガンガン」「ピリピリ」「チクチク」「キリキリ」「ズキズキ」「ジンジン」「シクシク」「ギシギシ」「ズキンズキン」などがある。他にも「ムカムカ」「イガイガ」「ボーッと」「もやもや」など、病状を訴えるオノマトペもある。おそらく日本語が母語でないと、このニュアンスは伝わりにくいだろう。

オノマトペは、食品や美容系の商品のコピーによく使われる。特に商品名や売り場のPOPなどで使うと効果が高い。

以下はオノマトペを使った商品名でロングセラーになっているものだ。

「じっくりコトコト煮込んだスープ」
「プッチンプリン」
「ガリガリ君」

このようにオノマトペは、うまく使えば大きな効果を発揮する。しかし正確性や論理性が求められている文章などにはそぐわない。ほどほどが大切だ。

鬼100則 65

シズルワードで五感を刺激する

あなたが食品の商品名やレストランのメニューを考えるとする。

メニュー名で重要なのは、やはり食べたい気持ちが盛り上がるかどうかだ。多くの人は「食」に関しては意外と保守的なので、まったく聞いたことのない食材・味・調理法では食べたいと思わない。おいしいことや安全であることは当然として、どのような言葉を使ったら人は食べたくなるだろう？ 「五感」を刺激するような「シズルワード（食欲を喚起する言葉）」が入っていると食べたくなる確率が上がる。

五感を刺激するシズルワード

①味覚的シズルワード

味を連想させるような単語。

例：「スパイシー」「スイート」「フルーティー」「ピリ辛」「激辛」「甘〜い」「甘酸っぱい」「ほろ苦」など。

②視覚的シズルワード

目で見たイメージを連想させる単語。

例：「彩り鮮やか」「三色」「黄金」「たっぷり」「山盛り」「ふんわり」「とろとろ」「ごろごろ」など

③聴覚的シズルワード

調理中や食べる時の音を連想させる単語。

例：「コトコト」「グツグツ」「ジュージュー」「サクサク」「ザクザク」「バリバリ」など

④嗅覚的シズルワード

料理の香りや風味などを連想させる単語。

例：「だし香る」「かつお風味」「香ばしい」「ごま風味豊かな」「ローズマリー風味」など

⑤触覚（食感）的シズルワード

料理を食べた時に口の中で感じる食感を連想させる単語。

例：「とろける」「なめらか」「しっとり」「濃厚」「サクサク」「ジュワー」「クリーミー」など

その他『地名』や『季節感を表現する言葉』も強いシズルワードになる。

あなたもこのようなシズルワードを使って、商品名やメニュー名を考えてみよう。

鬼100則 66

イエスのたとえ話

あなたは「たとえ話」をするのが得意だろうか？

うまいたとえ話があると、本来長々説明しなければならないことが、シャープにまとまる。つまり分かりやすくなる。

また、頭の中に映像が浮かび、イメージしやすくなるので、受け手に心地よい印象を与える。また、その表現が斬新だと、人に発見を与えることができる。

有名な経営者・政治家・宗教家などは「たとえ話」がうまいことが多い。「たとえ話」を制するものは、ビジネスを制することができるのだ。

「たとえ話」が天才的にうまかった歴史上の人物で一番に思い浮かぶのが、イエス・キリストだろう。聖書にはさまざまな「たとえ話」が伝えられている。

たとえば「99匹の羊」という「たとえ話」を紹介しよう。

ある時、罪人が話を聞こうとしてイエスに近寄って来た。イエスは彼らと食事をして話を聞いた。それを見たまわりの人間たちはそれを非難した。「イエスは罪人たちと付き合い、一緒に食事までしているぞ」と。

それに対してイエスは以下のような「たとえ話」で反論した。

「あなたがたの中に、百匹の羊を飼っている人がいたとする。そのうち1匹を見失ったとすればどうするだろう？　放っておくだろうか？　見失った1匹を見つけ出すまで捜し回るのではないだろうか？　そして、見つけたら、喜んでその羊を担いで、家に帰るだろう。そして友達や近所の人々を呼び集めて、『見失った羊を見つけたので、一緒に喜んでください』と言うであろう」

興ざめは承知で、あえてこの「たとえ話」を紐解くと、以下のようになる。

・羊飼い＝神（イエス）
・99匹の羊＝神（イエス）に忠実な正しい行いをしている人
・見失った1匹の羊＝神に背いた罪人

ストレートに反論するより、たとえ話の方が納得することが分かるだろう。

あなたも、自分が書いている内容が分かりにくいと感じたら、何かの「たとえ話」にできないか考えてみよう。

鬼100則 67

メタファー効果で印象を変える

何かの事象をメタファー（隠喩）で表現するのも印象に残る。メタファーとは、あからさまな比喩表現を使わない「たとえ」のことである。前項の「たとえ話」と重なる部分が大きいが、メタファーはよりシンプルな言葉で表現する場合を言うことが多い。

小説家の村上春樹さんの作品は、印象に残るメタファーが数多く登場することで有名だ。中でも印象に残るものに、「文化的雪かき」がある。『ダンス・ダンス・ダンス』に出てくる言葉で、フリーライターである主人公「僕」が使った表現だ。

何でもいいんです。字が書いてあればいいんです。でも誰かが書かなくてはならない。で、僕が書いてるんです。雪かきと同じです。文化的雪かき

メタファーは、使い方ひとつで読み手の印象を大きく変える。

スタンフォード大学心理学科のポール・ティボドーとレラ・ボロディツキーは、２つのグループにそれぞれ、１カ所だけ単語が違う以下の記事を読ませた。

①犯罪はアディソン市を襲う野獣だ。かつて平和だった市の犯罪率は、過去３年間で着実に増加している。（以下実際の数字）

②犯罪はアディソン市に感染する病原菌だ。かつて平和だった市の犯罪率は、過去３年間で着実に増加している。（以下実際の数字）

犯罪に使われるメタファーが「野獣」や「病原菌」の違いだけだ。このメタファーは、本質的には、実際の犯罪とは何の関係もない。

ところが、これを読んだグループに、この都市でどんな解決法を取ったらいいかという質問をすると、２つのグループの間で大きな差が出た。

①を読んだグループは、街の有害な状況を改善していく選択肢よりも、犯罪者を捕まえて刑務所に入れる選択肢を選ぶ人が多かった。②を読んだグループはまったく逆になった。

つまり、最初に読んだ文章の比喩（野獣・病原菌）が考えに大きな影響を与えたのだ。

鬼100則 68

おしりの気持ちになってみる

擬人法を使うことで、印象的なフレーズが生まれることがある。

「物や動物のような人間でないものを、人間になぞらえて表現すること」を言い、「空が泣く」「花が笑う」などといった表現が代表例だ。

体の一部を人格があるかのように書いたことで流行語にもなったフレーズがある。

1982年東陶機器（現TOTO）が発売したシャワー式トイレ「ウォシュレット」のテレビCMのキャッチコピーだ。

おしりだって、洗ってほしい

あたかもおしりが人格を持っているように語ったことで印象深いフレーズになった。このCMによってウォシュレットの知名度は一気に広まり、大ヒット商品になる。

ＣＭでは、商品を人に見立てて、一人称で語らせるという手法がよく取られる。特に映像のないラジオＣＭなどでは顕著だ。

擬人法はネーミングでも威力を発揮する。

商品やサービスを擬人化すると、それ自体がキャラクターになってイキイキと躍動し始めるからだ。

単純に商品名に「君」「さん」「ちゃん」をつけるだけでも人格が生まれる。

もっとも成功した例のひとつが、赤城乳業の「ガリガリ君」だろう。

もともと氷をかじった擬音語から、商品名が「ガリガリ」で決まりかけていた。しかしそれではおもしろくないという社長の提案で「ガリガリ君」になった。まさにオノマトペと擬人法をミックスしたネーミングだ。

ちなみにガリガリ君のキャラクターは「昭和30年代のガキ大将」をモチーフにした中学3年生、という設定だという。

サントリーのオレンジ果実飲料「なっちゃん」も、ちゃんづけされていることで親しみが持てる名前になっている。

「土星の輪の謎」でひっぱる

まとまった長さの文章を最後まで読んでもらうためのとっておきの方法を教えよう。

それが冒頭で「土星の輪の謎」を使う方法だ。

「土星の輪の謎」⁇　何のこと？　そう思ったあなたはぜひ読み進めてほしい。

社会心理学者ロバート・チャルディーニは、初めての一般向けの本（『影響力の武器』）を執筆する前、どうすれば文章で人の興味を惹きつけ続けられるかを知りたいと思った。

彼は、図書館に向かい、科学者が素人向けに書いた本を集中的に読んでみた。

うまくいっていない文章については、すぐに共通点が見つかった。分かりにくく、形式的で、専門用語が多い文章だ。成功している文章も、予想通りだった。論理が明確で、いきいきとした事例があり、ユーモアがあるといった文章だ。

しかし、彼はひとつだけ予想していなかった成功例を見つけた。

さて、それは何だっただろう？

チャルディーニがヒントを得たのは、ある天文学者が書いた本だった。その冒頭には以下のような文章が書かれていた。

わが太陽系の中で、おそらくもっとも壮観な特徴をもつ「土星の輪」について我々は説明できるだろうか？　このようなものは他には存在しない。そもそも「土星の輪」は何でできているのだろう？

この本はいきなり謎から入ったのだ。
さらに、著者は次のように問いかけ、謎を深めていく。

この問題に対して、３つの国際的に定評のある研究グループが答えを出しているが、それがすべて異なるのはなぜだろう？　ケンブリッジ大学の研究グループは「土星の輪はガスだ」といい、ＭＩＴ（マサチューセッツ工科大学）の研究グループは「土星の輪は塵の粒子だ」といい、カリフォルニア工科大学の研究グループは「土星の輪は氷の結晶だ」と言う。同じものを見ているはずなのになぜこうも違うのだろう。結局、正解はどれだ？

天文学者の著者は、その後、20ページにわたって「土星の輪が何からできているか?」をミステリー仕立てで解明していった。

チャルディーニはその文章に引き込まれ、夢中になって読み進めた。その天文学者は、科学理論や実験の説明を詰め込んだ文章を、飽きさせることなくその章の終わりまで読み通させることに成功したのだ。

ただ、答えである「土星の輪は氷で覆われた塵でできている」という部分まで読んで、チャルディーニはふと思った。「私は、そもそも土星の輪なんかにたいして興味がなかったし、何からできていようが生活には関係がない。それなのになぜ、最後まで夢中で読んでしまったのだろう?」と。

そして原因が、冒頭の「謎」にあることに気づいた。その天文学者は、冒頭で謎を生み出し、答えをすぐには明かさないことで読者の興味を最後まで持続させたのだった。

実際チャルディーニは、この「土星の輪の謎」の法則を、自ら書く一般向けの本に取り入れた。

最初に具体的なエピソードを紹介する。そのエピソードは、常識的に考えると不思議な現象だ。

たとえば「アリゾナの宝石屋でそれまでぜんぜん売れなかったトルコ石が、間違って2倍の値札をつけたらすぐに売れてしまった」「ある大学教授がまったく知らない人たちに、知り合いのふりをしてクリスマスカードを送ったら、その大多数から返事がきた」というようなエピソードだ。

チャルディーニは、その謎を社会心理学の法則を使って説明していく。

彼が書いた『影響力の武器』は、社会心理学という専門的な分野の内容が書かれた分厚い本にもかかわらず、世界中でロングセラーになっている。

チャルディーニはこれを著作だけでなく、大学での授業にも応用した。

授業の冒頭に謎を提示して、それを解明していくというスタイルで授業をすると、学生の食いつきがぜんぜん違うことを発見したのだ。

人は他人が書いた文章を進んで読みたいと思っていない。

最後まで読んでほしければ、冒頭で何かの謎を提示して、それを解明していくというスタイルがオススメだ。

「想像してください」効果

想像してください。

もし、あなたが「世の中になかった商品やサービス」を売ることになった時のことを。

今まで存在しなかった商品だから、どんなに丁寧に文章で説明しようとしても、なかなかイメージしてもらえない可能性が高い。

そんな時は、自分がその商品やサービスを手に入れた時の姿を想像してもらうといい。

文章の冒頭に「想像してください」と書いたあと、その商品やサービスを手に入れた時の読み手の姿をイキイキと描いた文章を続けるのだ。

そのイメージが、読み手にとってベネフィット（ハッピー）があってワクワクするものであれば、あなたの商品やサービスに興味を持ってもらえるはずだ。

この「想像してください」効果は、前項でも紹介した、社会心理学者ロバート・チャルデーニらが、今から40年近く前に行なった実験で証明されている。

実験は、アリゾナ州テンペの住宅街で、地元のケーブルテレビ会社と共同して行われた。ケーブルテレビに関するアンケート調査という名目で、大学生が各家庭を一軒一軒訪問する。その頃、ケーブルテレビは、一般にはまだほとんど知られていないサービスだった。そこで、加入するとどんなメリットやベネフィットがあるのかを以下の2つの文章にして、どちらか片方をランダムに住民たちに配った。

①ケーブルテレビは、加入者に幅広いエンターテイメントと情報サービスを提供します。加入者は見たい番組を計画的に楽しめます。ベビーシッターを頼みガソリン代を使ってわざわざ外出する代わりに、自宅で家族や友人と、または一人で過ごす時間を増やすことができるのです。

②想像してください。ケーブルテレビがあなたにどれだけ幅広いエンターテイメントと情報サービスを提供するかを。あなたは見たい番組を計画的に楽しめます。ベビーシッターを頼みガソリン代を使ってわざわざ外出する代わりに、あなたは自宅で家族や友人と、または一人で過ご

す時間を増やすことができるのです。

文章の情報量は変わらない。②が①と違うのは、冒頭に「想像してください」という一文が入っていることと、二人称である「あなた」という主語を使って文章が続けられているということだけだ。

しかし、たったそれだけの違いで、1カ月後にケーブルテレビ会社の職員が各家庭を訪問してサービス加入を薦めた時、加入率に大きな差が出た。

①のアンケートを受け取った世帯の加入率は19・5%。

②のアンケートを受け取った世界の加入率は47・4%。

2倍以上の加入率である。

なぜこのような結果になったのだろう?

冒頭の「少しだけ想像してください」というフレーズによって、読み手は「自分がケーブルテレビに加入した時のこと」を想像したからだろう。

その結果、「ベビーシッターを頼みガソリン代を使ってわざわざ外出して映画を観に行かなくても家でエンタメ作品が楽しめる」というベネフィットが分かったのだ。そして、ケーブルテレビが「自分に関係のあるサービス」だと認識し、加入に至ったと考えられる。

この手法が有効なのは、「今までにないサービス」を販売する時だけに限らない。たとえば、何かイメージしにくいことを説明する文章を書く時にも有効だ。冒頭に「想像してください」という1文を入れることで、読者を本文に引き入れられる可能性が高まる。さらにあなたを主語にして、イメージしやすいよう解説していくのだ。そうすることで読者は、自分に関係のある情報だと認識する。つまり、真剣に読もうとしてくれるということだ。

鬼100則 71

サビアタマでいこう

ビジネス文章は、できるだけ「サビアタマ」で書こう。

「サビ」とは、楽曲で一番盛り上がる部分を言う。通常、楽曲は静かに入り、徐々に盛り上がり、後半のサビで最高潮を迎える。

「サビアタマ」はその逆だ。冒頭に一番盛り上がるおいしい部分である「サビ」を持ってきて、聴き手の心をツカむというテクニック。

文章で言うと、結論やおいしい部分を冒頭に持ってくるということ。

そもそも、文章の構成は、**クライマックス法**と**アンチクライマックス法**の2つに分けられる。

クライマックス法は、一番重要なポイントを最後に持ってくるという手法。

アンチクライマックス法は、その逆で、最初に一番重要なポイントを語るというものだ。

有名作家が書く小説やエッセイのように、自ら読みたいと思って読むような文章では、徐々に盛り上げていくクライマックス法でも、読者はついてきてくれる。

しかし、一般人が書く文章では、そうはいかない。まず冒頭においしい部分を持ってくるアンチクライマックス法でないと、途中で読んでもらえなくなる。

以前、小学生に、このアンチクライマックス法（サビアタマ）を教えたことがある。作文の出来が劇的によくなった。

大抵の作文は、たとえば遠足ならば、行きの電車から時系列で書こうとする。その後も、出来事を順番に羅列していくだけ。肝心のクライマックスも「楽しかったです」という感想で終わる。

「サビアタマ」では、冒頭にクライマックスを持ってくる。

「えっ！　ケンちゃん、お弁当忘れちゃったの？」

このように、誰かのセリフから始めてみるのだ。

そうすると、読む側も、「ケンちゃんがお弁当を忘れたことで、どうなったのか？　その問題をどうやって解決したか？」という続きを読みたくなるということだ。

あなたが文章を書く時も、「サビアタマ」を意識しよう。

鬼100則 72

有名人に隣に座ってもらう

文章を書く時は、自分のことより読み手のことを考えなければならない。
古典的名著『人を動かす』で有名なディール・カーネギーも言っている。

私はイチゴクリームが大好物だが、魚はどういうわけかミミズが大好物だ。だから魚釣りをする場合、自分のことは考えず、魚の好物のことを考える。

文章を書くのも、魚釣りと同じだ。まず読み手が何を好むかを考えるべきだ。

……どうだろう？　何となく説得力がある気がしなかっただろうか？
その理由は、カーネギーの引用文だ。
引用なしに冒頭の1行だけがあった場合とを比べれば歴然とするだろう。

このように、**文章中に「有名人や偉人の名言」を引用すると、信頼度や説得力が増すことが多い。**

理由は以下の2点だ。

1点目は、**名言自体が持つ力**。

名言とは、時代を経ても人から人へと伝えられているフレーズ。名言自体に人の心を動かす力があるのだ。

2点目は、**人間が「権威」に弱いという事実**。

よく知らない書き手の書くことは信じなくても、誰もが権威と認めた有名人や偉人の名言は信頼する。つまり、名言を引用することで、有名人や偉人に隣に座ってもらうのと同じ効果を得ることができるのだ。

だからと言って、やみくもに引用するのは逆効果と言える。

自分の意見がないように思われるからだ。

ポイントは、名言を主役にしないこと。あくまで主役はあなたの意見。

隣に座ってもらう有名人や偉人には、あなたの意見を補強してくれる助演の役割を果たしてもらうのだ。

「たとえば」で具体的に

誰かに贈り物をした時のことを想像してほしい。

御礼のメールで、一番、残念に思う文面は何だろう？

「このたびは結構なものを頂戴して誠に恐縮しています」といったフレーズから始まる儀礼的な文章をもらうことだろう。

逆に送ってよかったなと思うのは、以下のような具体的な御礼だ。

「長崎の角煮マンありがとうございます！　大好物です！　おいしくいただきます」

たとえ1行であっても、具体的でうれしいという感情が伝わる文面の方が、何百倍も送ってよかったと思うものだ。感想が具体的になればなるほど、心は動く。型通りの抽象的な言葉では心は動かない。

ビジネス文章を書く時も、この点を留意したい。抽象的な言葉を使ったら、「たとえば」と続けて具体例や自分が体験したエピソードを書く習慣をつけよう。

抽象的な言葉は、どうしてもみんな似てしまう。「たとえば」で始まる、具体例やエピソードは、書き手それぞれによって異なる。

たとえば、あなたの会社が「わが社は二酸化酸素排出の削減に取り組みます」と宣言したとする。これだけで終われば、何を具体的に実行するか分からない。

本気で実施するとは思えないだろう。

しかし、以下のような具体的な施策が書かれていたらどうだろう？

・オフィスや工場で使う電気は、すべてグリーンエネルギーにします。
・営業車や社用車はすべて電気自動車にします。

二酸化酸素排出の削減に、本気で取り組むことが伝わる。

鬼100則 74

「抽象化」から「法則化」へ

前項で具体的に書くようにと伝えた。

矛盾しているように聞こえるかもしれないが、具体化以上に重要なのは、具体的な事例を「抽象化」する能力だ。ここで言う「抽象化」とは、「ぼんやりした抽象的な表現」を使うという意味ではない。

むしろ逆だ。「抽象化」とは、具体例をより研ぎ澄まし、よりクリアにすることだ。

つまり、具体的な例やエピソードの中から、共通する特徴や考え方を抜き出し、一般化するということだ。

一度「抽象化」すると、それを別の形で「具体化」することができる。つまり他でも応用が効くということだ。

「抽象化」したものをまとめると「法則」になる。

思い出してほしい。

あなたも小中高のいろいろな教科で「法則」「定理」「公式」「分類」を学んだはずだ。これらはすべて、過去の誰かが具体例を抽象化してくれたものである。われわれが学校で効率よく勉強できるのは、あらかじめ抽象化してくれている教科書があるからなのだ。

ただし、効率はいい代わりにそこには新たな発見はない。誰かが「抽象化」したものであり、自分で具体例から「抽象化」したプロセスがないからだ。

学校を出たら、自分で物事を「抽象化」し、さらに「法則化」できないか考えよう。

たとえば、本書の第5章、鬼法則編は、文章の構成法を「抽象化」して「法則化」したものである。一般的に知られている法則もあれば、筆者がオリジナルで考えた法則もある。

あなたも、自分の仕事でオリジナルの「法則」を考えてみてはどうだろう?

営業でも企画でも商品開発でも総務経理でもマーケティングでも何でもいい。

お手本になりそうなアイデアを一度抽象化してみよう。要約して、固有名詞が残っている部分は記号に変換してみよう。するとそのアイデアの骨子が見えてくる。

あとはそこから何かの「法則」を見つけ出せばいい。

鬼100則 75

欠点をカミングアウトせよ

何か商品を売ろうする時。

何かの企画を提案しようとする時。

自分自身をアピールしようとする時。

あなたは、その長所ばかりを語ろうとしていないだろうか？

想像してほしい。

賃貸で部屋を借りようと、不動産屋の営業マンに連れられて内見しているところを。

その営業マンが、部屋のメリットだけを猛烈な勢いで語ったとしたらどうだろう？

表面上は頷いていても、どこかで「本当かな？」と信用できない気持ちになるに違いない。

逆に、その営業マンが誠実そうな口調で、メリットとともに、きちんとデメリットも話してくれたらどうだろう？　信用できそうな営業マンだなと思うのではないだろうか？

人は自分が扱う商品や企画などのデメリットをあまり書きたくないものだ。しかしそれをあえてきちんと書くと、信用できると思ってもらいやすくなる。

ただし、デメリットを書けばいいというものではない。冒頭にデメリットを言われると、その印象が強く残ってしまう。そのひと言で興味を無くしてしまうかもしれない。

また最後の最後にデメリットを言われても、その印象が強く残って決断に至らなくなってしまうかもしれない。

順番的には、①メリット→②デメリット→③メリットの順番に書くと効果的だ。

前述した賃貸物件の内見を例にすると、まず「部屋のいいところ」を語る。そのあと「しかし実はあまり言いたくないですが、こんなデメリットもあるんです」と欠点をカミングアウトする。そして最後に、「そんなデメリットを上回るメリットがある」ことを強調するのだ。

こうすることで、まず①で物件に対して興味を持ってもらえる。続いて②でこの営業マンは信用できそうと思ってもらえる。そして③で改めてメリットを確認するので、決断するという流れができやすいのだ。

就職や転職活動などの自己アピールなどでも考え方は同じだ。欠点をカミングアウトし、それをどう乗り越えたかをアピールしよう。

鬼100則 76

エトス度を高める

本書の20項で説明した、アリストテレス説得の三原則「ロゴス・パトス・エトス」。一番重要なのは「エトス」だと述べた。

特にビジネスにおいては、文章や発言の内容よりも、誰が書いたかや誰が喋ったかの方が重要になることが多い。

あなたが会社の会議に参加している時のことを思い浮かべてほしい。

一般的な会社の会議では、役職が高い人間やキーマンの発言は重要視される。逆に、若手社員や信頼されていない人間が同じような発言をしても、軽く流される場合が多い。

つまり、あなたがその会議でどれだけ「エトス」があるかによって、同じことを言っても評価は大きく変わってくるということだ。

ただし、エトスは、役職・地位・経験など分かりやすい指標でだけ決まるわけではない。地位や立場は低くても「こいつの言うことであれば聞いてやろう」と思わせる何かがあれば、エトスは上がる。逆になんだかムシが好かない相手の発言は、たとえ理性的には正しいと思っていてもつい反対したくなることもあるだろう。

もしエトスが不足しているとしたら、その分、ロゴスやパトスで取り返すしかない。しかしそれは簡単ではない。

文章においては、話し言葉よりはそういった「好き嫌い」は出にくい。話し言葉では、声、顔、表情、仕草、服装など言葉以外の要素が大きな比重を占めるが、文章ではそれが見えないからだ。

しかし文章においても、内容だけでなく自分を信頼してもらうというエトスの要素を意識することは重要だ。自分が書いた文章のエトスが低いと思ったら、たとえば以下のようなことをしてエトスを高めておくことも重要だ。

・自分の意見を補強する偉人や有名人の言葉を引用する
・その分野の権威の人に監修をしてもらう
・上司のお墨付きをあらかじめもらっておく
・信頼性のあるデータを添付する
・アンケート調査などの資料を添付する

一度、冷ましてから温める

「推敲《すいこう》」という言葉がある。

もともとは、古代中国・唐の時代のエピソードが語源だ。

長安の都にやってきた詩人の賈島《かとう》が、自分が書いた詩にある「僧は推す、月下の門」という部分を、「推す」より「敲《たた》く」の方が良いのではないかと迷いながらロバに乗っていた。するると、都知事にあたる韓愈《かんゆ》の行列にぶつかった。賈島は捕らえられるが、詩人としても名高い韓愈は、事情を聞き「それは『僧は敲く』の方がいいだろう、月下に音を響かせる風情があって良い」と述べたという。

その故事から、文章を書いた後、少しでも内容をよくするために練り直すことを「推敲」と言う。

文章を書く上で「推敲」は非常に大切だ。コツはある程度、時間をおくことだ。

「気」を入れた文章を書く時は、「熱」がなければ書けない。しかし、推敲するのは一度、熱を冷ましてからが望ましい。そうしないと、なかなか客観的になれないからだ。「書き手の視点から読み手の視点に」ということは何度も語った。視点を変換するためには、一度頭を冷やす必要があるのだ。そして冷静な頭で原稿をチェックする。「読み手」の立場になって原稿を読み直すと、「意味が伝わりにくい」「説明不足」「独りよがり」などの問題点を発見することができる。

冷やす時間は人それぞれだ。熱しやすい人は、少なくとも数日は間を空けた方がいい。できればモニター上で推敲するのではなく、プリントアウトして読むと、より客観的な視点が得られる。

書きながら、視点を行き来できる人は、そんなに空ける必要はない。それでも一度、パソコンの前から離れて頭を冷やすことをオススメする。

ただし、文章を冷やしすぎるのも考えものだ。込められた熱が魅力の場合もある。理想を言うと、最初に書いた文章を一度冷やして冷静に推敲し直してから、もう一度温め直すくらいがちょうどいい。

鬼100則 78

勝負メールで落とす

ビジネスメールは「普段メール」と「勝負メール」に分けて考えるのがいい。
・普段メール＝社内をはじめ、いつも仕事でよくメールを送る人に対するもの。
・勝負メール＝その名の通り、ビジネスで勝負をかける時のもの。受けてくれるかどうか分からないような提案や、面識がなく難しそうな相手に仕事の依頼を送る時のもの。

「普段メール」と「勝負メール」では、メールを書き送る時の考え方がまったく違う。

普段メールは、メールのマナーでよく言われているようなことを守るのが基本だ。できるだけシンプルに、分かりやすく書く。たとえば「できるだけ短く」「結論は先に書く」「ひとつのメールにはひとつの用件」などといったことだ。

しかし勝負メールを送る場合、この基本を守るだけでは勝負にならない。普段メールのようなシンプルな形では相手の心を動かせないからだ。ちょっと無理かなというような相手に特別な依頼を送る場合はなおさらだ。

勝負メールを送る時には、本書の20項で説明した「アリストテレス説得の三原則　ロゴス・パトス・エトス」のすべての要素を入れることが重要である。

・ロゴス（論理）「なぜ、あなたにこの案件をお願いするか？」という部分。

・パトス（熱意）「どんな熱い思いでこのお願いをしているか？」という部分。

・エトス（信頼）「自分自身や所属している会社の実績」であったり、メール全体から感じられる「送り手の人柄や誠実さ」という部分。

これらの３要素がしっかり届いてこそ、相手の心が動き、その案件について検討してみようかなと思うものなのだ。しかし実際に送られてくるメールでは、３要素のどれも入っていないものも多い。それでは、勝負に勝つ確率は限りなく低い。

誰かに何かを文章で依頼する時には、「ロゴス」「パトス」「エトス」の要素がきちんと入っているかを確認すべし。

鬼100則 79

ストーリーを語れ

伝えたい思いや情報を「ストーリー（物語）」にして語ろう。

人類は「ストーリー」が大好きな生き物だ。太古の昔から語り継いできた。小説、映画、ドラマ、マンガ、アニメ、ゲームなど、人の心を動かすコンテンツの多くには「ストーリー」がある。フィクションだけではない、ノンフィクションの分野でも、大半のコンテンツには「ストーリー」の要素が含まれている。

なぜ、人間がこんなにも「ストーリー」が好きなのかは正確には分かっていない。

しかし、なぜか人は「ストーリー」に感情が揺さぶられるのだ。

それは人種に関係なく共通である。世界中には、自分たちの文字を持たない民族は多数いるが、先祖から伝わる物語を持たない民族はひとつもない。

「ストーリー」を語ることは、販売、広告、PR、DM、プレゼンテーション、マーケティング、リーダーシップなど、ビジネスの多くの分野で有効だ。

ただし、ビジネスにおける「ストーリー」は、作り物であってはならない。本当にあったエピソードであることが重要だ。ビジネスでストーリーを語るメリットは以下の通りだ。

①興味を持ってもらえる
②感情移入してもらえる
③記憶に残る
④失敗を語ることができる
⑤オンリーワンの存在になれる

ではどうすれば「ストーリー」を感じるライティングができるだろう？

そのヒントは、世の中に流通しているさまざまな「物語」にある。

共通するものはなんだろう？　それは「人」が「主人公」になっていることだ。

逆に「人という主人公」がいないと「物語」にはならないということだ。

すなわち「商品」を主人公にするのではなく、その商品を扱っている「人」を主人公にすることで初めて、読み手は「ストーリー」を感じるのだ。

鬼100則 80

人類共通の感動のツボ

ビジネスで「ストーリー」を語る時は、「ストーリーの黄金律」を意識しよう。ストーリーの黄金律とは、「人類共通の感動のツボ」だ。「また、このパターンか」と分かっていても、そこを押されるとついつい心を動かされてしまうポイントである。

ストーリーの黄金律

①欠落した、もしくは欠落させられた主人公が
②遠く険しいちょっと無理なのではと思う目標に向かって
③いろいろな障害や葛藤、また敵対するものに立ち向かっていく

この原理はハリウッド映画、エンターテインメント系小説、スポーツ漫画など、多くのエンタメ作品で採用されている法則だ。ドキュメンタリータッチのバラエティ番組等でも

幅広く使われている。2019年からNHKで放映されている『逆転人生』という番組がある。そのタイトルの一部を見てみよう。


「復活！　奇跡のしょうゆ 被災地の逆転劇」

「凡人、天才に勝つ 遅咲き棋士の大勝負」

「ヤクザから牧師へ 壮絶な転身人生はやり直せる」

「世界に誇るクラゲ水族館 閉館危機からの奇跡」

「執念の開発！　世界が驚いた 認知症治療薬」

「40億の借金を16年で返済 ある居酒屋の挑戦」


いずれも、タイトルを見るだけで「ストーリーの黄金律」が感じられる。実際、どの回も、欠落した主人公たちが、遠く険しい目標に向かって、さまざまな障害や葛藤を乗り越えていくというストーリーになっている。それだけ感動を呼ぶ法則なのだ。

「ストーリーの黄金律」は強力である。それ故に、絶対に「嘘」があってはダメだ。もし、少しでも「嘘」があると、その感動は大きくマイナスに振れてしまう。

第 4 章

Psychology
～鬼心理～

読むことは人を豊かにし、
話すことは人を機敏にし、
書くことは人を確かにする。

フランシス・ベーコン

感情を伝える文章は、もし君がそれを巧妙に用いるの
なら、一たす一が十に相当することもある。

ユージン・M・シュワルツ

行動を伴わない言葉には価値がない。

チェ・ゲバラ

鬼100則 81

6つの「影響力の武器」を手に入れる

第4章では、「働く文章」を書くのに役立つ、最新の心理学知見を厳選して紹介する。いずれも知っているのといないのとでは、結果に大きな差が出るだろう。

まずはその基本になる行動パターンについて説明しよう。

人間はある情報や働きかけに対して無意識・反射的に起こしてしまう「固定的行動パターン」というものがある。民族人種や文化によって多少の差はあるが、共通する部分も多い。私たちは、常に自分の頭で考えて行動していると思いがちだが、実はよく考えずに反射的に行動していることが多いのだ。

「働く文章」を書く上で、人間の行動パターンを知ることは、強力な武器になる。

社会心理学者であるロバート・チャルディーニらは、その著書『影響力の武器』(誠信書房)で、人間の「固定的行動パターン」について解説している。

それが以下の6項目だ。

1、返報性

人間は誰かから何かしてもらったら、何かをお返ししないと気持ち悪く感じてしまう行動パターンを持っている。

2、コミットメントと一貫性

人間は一度何か宣言してしまうと、それをひっくり返して別の意見を述べにくくなるという行動パターンを持っている。

3、社会的証明

人間は自分ではそういう人間ではないと思いながらも、他人の行動に大きく影響されてしまう（同調してしまう）という行動パターンを持っている。

4、好意

人間は自分が好ましく思っている相手から薦められると、それがとてもよいものに見え、手に入れたくなってしまうという行動パターンを持っている。

5、権威

人間は何かの権威（権力、肩書き、実績、ユニフォーム、ルックスや身なり）から命令されると、あまり何も考えずについ従ってしまうという行動パターンを持っている。

6、希少性

人間は、希少性に弱い。数が少ないことや、日時が限定されている、滅多に手に入らない等の条件が提示されると、そんなに欲しくないものでも、つい欲しくなってしまうという行動パターンを持っている。

たとえば、1の「返報性の原理」について見てみよう。

『影響力の武器』では、デニス・リーガンの以下の実験が紹介されている。

被験者は、スタンフォード大学の男子学生81人。美術品を鑑賞して評価するという名目で集められた。その部屋にはもう一人の参加者がいる。この参加者は仕掛け人（実験協力者）なのだが、もちろん被験者は知らない。

休憩時間に仕掛け人は席をはずしてコーラを買ってきて、以下の2通りの行動をする。

①自分のコーラだけ買ってきて被験者に何も渡さない。

②被験者の分のコーラも買ってきて渡した。

そして実験が終わったあと、仕掛け人は被験者に「抽選で商品が当たるチケットを買ってほしい」と依頼する。

その結果、「コーラを渡さなかった」グループに比べ、「被験者の分のコーラも買ってきて渡した」グループの方が，平均で約2倍チケットを買ってくれた。

しかもその割合は、仕掛け人への好感度とはほとんど関係なかった。


自分が被験者だったらと思うと想像しやすいだろう。コーラを奢ってくれたお返しについチケットも買ってしまいそうだ。

人は何かもらったらお返ししたくなる。借りたままの状態は気持ち悪い。これは日本人だけでなく人類共通の感覚らしい。

おそらく太古の人類が共同生活を始めた時に、何か親切にしてもらったらお返しをした方が、集団で円滑に暮らせたことから残っているのだろう。

この返報性の原理をどのように文章に活かせばいいか、あなたも考えてほしい。

他の原理も同様だ。「働く文章」を書く上で、このような人間の行動パターンを知ることは、強力な武器になる。

鬼100則 82

「みんなやってます」効果

あなたが、文章の力で読み手を「社会的にいい行動」に向かわせたいとする。

そんな時、どのようなことに気をつけて文章を書くのが効果的だろう。

有効なのは、前項で紹介した『影響力の武器』で固定的行動パターンのひとつとして紹介されていた「**社会的証明（social proof）**」を使うというテクニックだ。平たく言うと、「みんなやってます」とアピールすることだ。

チャルディーニらは2001年から約3年間、カリフォルニア州のサンマルコスにおいて、地元の電力会社と共同で以下の実験を行なった。

まず大学院生たちが1200以上の世帯の家庭を一軒一軒訪問し、以下の3種類の文章を書いたドアホルダーの中からひとつを無作為に配布した。

そして、その後の各家庭の電力使用量の変化を調査した。

どの案内文が一番効果があっただろう？

①省エネで「お金を節約しよう」……エアコンではなく、扇風機を使うと月に約54ドルの節約ができます。

②省エネで「環境を保護しよう」……エアコンではなく、扇風機を使うと温室効果ガスの排出量を月に262ポンドを減らせます。

③省エネを「未来の世代」のために……エアコンではなく、扇風機を使うと月の電気代が約29％減らせます。

結果は……どれもまったく効果がなかった。なんと、どの案内文もほんの少しも省エネには結びつかなかったのだ。

研究者チームは、同じ住民たちへの事前アンケートを実施していた。

省エネをするとしたらどんなきっかけかを質問するものだった。そのアンケートの結果では、「環境保護で省エネをするきっかけにつながる」という回答が多かった。

研究者たちは当然②の「環境問題」を訴えるのが一番省エネに繋がるだろうと予想していた。

しかし、実際はそうならなかったのだ。

もちろんこれで終わったら実験の意味はない。

実は研究者チームはもう1種類の案内文も配布していた。それが以下のものだ。

④省エネを「ご近所と一緒に！」……あなたの住む地域では77％の住民がエアコンではなく、扇風機を使ってくれています。

この④を配ったグループだけが、大幅に電力を節約した。

事前アンケートでは、④「みんながしている」という理由は、一番多くの人が「省エネをするきっかけにならない」と答えていたにもかかわらず。

つまりこういうことだ。

人はみな、自分では他人の影響を受けていないと考えている。そして自分の意思でいろいろな決断をしているつもりになっている。

しかし、実は一番影響を受けるのは「他人がどういう行動を取っているか」だったのだ。本音と建前は違うとも言える。

「社会的証明」とは、このようにある状況で、自分の判断より周囲の人たちの判断に影響されてしまうことを言う。日本人によくある行動パターンと思われがちだが、実は人類に共通の固定的行動パターンなのだ。


この実験の結果から分かるのは以下の通り。

あなたが文章の力で読み手を「社会的にいい行動」に向かわせたい時は、「どれだけ多くの人がその行動を既に実施しているか」という部分を強調する。

自分はそんな情報に影響を受けないと思っていても、多くの人は影響を受け、その行動を取る確率が高くなるだろう。

鬼100則 83

能動的コミットメント効果

あなたが、何かイベントを企画するとする。

悩まされるのが、無断ですっぽかすお客さんがいるということだろう。

実はレストランや医療機関でも、予約したのに当人が来ないというのは大きな問題になっている。この問題を文章の力で解決する方法がある。

それが「**コミットメントと一貫性の原理**」を使ったライティング手法だ。

ロンドンにあるインフレンス・アット・ワーク社のスティーブ・マーティンと医師などの研究チームは、社会心理学の知見から、イギリスの国営保険センターと共同でこのすっぽかしを減らす実験をした。

国営保険センターでは、予約した患者のすっぽかしによる損失が年間8億ポンド（約1500億円）もあると試算されていたのだ。

いろいろな方法が試されたが、一番劇的な効果があったのが以下の方法だ。

窓口で次回の予約を取る時、診察カードに日時を書く方法を変更する。

それまでスタッフが書いていたのを、患者本人に日時を書いてもらうようにした。

たったこれだけのことなのに、効果は劇的だった。前6カ月と比較してなんと18％もすっぽかしが減ったのだ。これを全体の損失で換算すると、約1億4400万ポンド（約270億円）にもなるという。かかる費用はゼロだ。

なぜこのような結果が生まれたのか？

患者は自ら日時を書くことによって、能動的に**コミットメント**した。そして一度コミットメント（やります！　守ります！）したことは、できるだけ守ろうとする「一貫性の原理」が働いた結果だと推測される。

あなたが、約束を守らせたかったら、その相手に自らコミットメントさせることが重要である。

イベントで言うと、申し込みがあった時に、何かしらコミットメントを促す文章が出るようにしてそれにイエスと答えないと、予約が完了しないようにすればいい。

この法則はビジネス以外にもいろいろと応用できるだろう。

鬼100則 84

ポストイット効果

誰かに何かを文章で依頼する時に、ほんの「ひと手間」をかけるだけで、大きく成功率を上げる方法がある。それが、サム・ヒューストン州立大学のランディ・ガーナー教授による実験で証明された「**ポストイット効果**」だ。

実験は、学内の教授たちに、退屈で煩雑なアンケートをお願いする場面で行われた。教授たちを以下の3グループに分け、アンケートの依頼文を作成する。アンケート用紙はすべて共通だ。

グループ① 印刷の依頼文とアンケート用紙のみ

グループ② 印刷の依頼文の右上に、「少しお時間をいただきますが、アンケートにご協力ください。感謝します！」と手書きで書いたもの。

グループ③ 印刷の依頼文は同じ。アンケート用紙にポストイットを貼り、②と同じ文章を手書きで書いたもの。

その結果は以下のようになった。

グループ①　教授たちの36％がアンケートを提出。
グループ②　教授だちの48％がアンケートを提出
グループ③　教授たちの76％がアンケートを提出。

つまり、ポストイットに手書きでお願いと感謝のメッセージを書いて貼るだけで、２倍以上の回収率になったのだ。依頼文に手書きで同じ文章を書いても、約10％しか協力者が増えなかったことと比べると、驚くべき効果だと言える。

さらに③の依頼を受け取った人は、回収率が高いだけでなく、より早く詳しく丁寧な解答をしてくれる傾向が強かったという。

付箋を貼って「ご協力ください」と書くだけでなぜこのような効果が出たか？

本書を読んできたあなたにはきっと分かるはずだ。

目立つポストイットに個人的なメッセージが添えられていることで、「自分だけへの特別な依頼」に感じた。つまり自分に関係があると思ったのだ。これは、ポストイット自体が重要なポイントではない。肝心なのは「あなただけへの特別なメッセージですよ」ということを、相手にきちんと伝えることだ。

鬼100則 85

おとり（引き立て）効果

あなたがネットショップで、AとB2つの商品を売るとする。本当は単価の高いBを売りたいのだが、Aの方が売れる。

どうすればBが売れるようになるだろう？

そんな時、誰も選ばないような第3の選択肢Cを「おとり」として販売してみよう。オススメのBの方を選んでもらえるようになるかもしれない。

この「おとり効果」で有名なのは、行動経済学者のダン・アリエリーがおこなった実験だ。

大学生に雑誌「エコノミスト」誌の定期購読を尋ねるアンケートで、以下の2つの選択肢を用意して選んでもらった。

A web版の定期購読 - 59ドル。

B 雑誌版とweb版の定期購読 - 125ドル

結果は、Aが68％　Bが32％というものだった。

そこで選択肢Cを新たに加えてみた。

A　web 版の定期購読 - 59ドル。
C　雑誌版の定期購読 - １２５ドル。
B　雑誌版と web 版の定期購読 - １２５ドル

結果はどうなっただろう?

なんとA 16％　B 84％　C 0％と大きく変わった。

つまり、誰も選ばなかったCというおとりの選択肢を入れたことで、Bがとてもお得なように感じたのだ。

金額に換算すると、16％売り上げを伸ばしたことになる。

あなたも、売りたい方の商品が売れない場合、何かおとりになる選択肢Cを加えることができないか考えてみてはどうだろう?

鬼100則 86

不参加でも意志表示効果

あなたが、行事やイベントへ参加を募る案内文を書くことになったとする。そんな時は、どのような選択肢を書くかに注意しよう。ほんの1行の文章を加えるかどうかで、参加率が大きく変わってくる可能性があるからだ。

ダートマス大学タック経営大学院ケビン・ケラー教授らは、ある教育機関の職員に向けたインフルエンザの予防接種において、「案内状の文面」を変えることで、参加率がどう変わるかを実験した。

まず以下のように、参加する選択肢しかない案内状を送った。

□予防接種を希望します。

参加者は42％だった。ところが、そこにたった「1行の文章」を書き加えるだけで、参加者は62％に跳ね上がった。どんな文章だっただろう？

以下のように、「不参加の意思表示」の欄を加えたのだ。

□予防接種を希望します。
□予防接種を希望しません。

これは、**「不参加の場合も自らの意志を表示しなければならない」ことで、職員たちが受けるか受けないかを真剣に考えた結果**だと思われる。

さらにケラー教授らは以下のように、「予防接種を受けるとインフルエンザ罹患リスクを減らす」という文面を加えた文章で実験してみた。

□インフルエンザ罹患リスクを減らす予防接種を希望します。
□インフルエンザ罹患リスクを減らしたとしても予防接種を希望しません。

すると参加者は75％まで上昇したのだ。

参加率を上げたいとしたら、案内の文章にまで気を配ろう。

譲歩&お願いプラス効果

あなたがメールで仕事相手と値段交渉をする時、文章の書き方ひとつで結果が大きく変わってくる可能性がある。

値段交渉では、できるだけこちらに有利な金額で決まってほしいと思う反面、強気に要求を押し通して交渉が決裂してしまうと元も子もないとも思うものだ。

では、金額交渉でいい結果を出すためには、どのような文章を書けばいいだろう?

ジョージタウン大学マクドノウビジネススクールのサイモン・J・ブランチャード准教授らの実験がヒントになりそうだ。

実験では、売り手と買い手が一組になり、商品(コーヒーテーブル・レコードプレイヤー)の売買において、価格交渉をしてもらう。その際、売り手(実験協力者)を以下の2つのグループに分けて、それぞれ買い手(被験者)が交渉に応じるかどうかを調べた。

売り手①　値引きを了承する。

売り手②　値引きを了承するとともに、何か新しいお願いをする。

「新しいお願い」とは「値下げする代わりに好意的なレビューを書いてください」「値下げする代わりに誰かに店を薦めてください」といったようなことだ。普通であれば、値下げに何の条件もつけない①の方が受け入れられやすいはずだ。

ところが不思議な実験結果が出た。

①の値下げだけの提示では、買い手が取引に応じた割合が40％だったのに対して、②の新たな条件がついた提示では、取引に応じた割合は62％に上がったのだ。

なぜ、こんな結果になったのだろう。ブランチャードらは、以下のように類推している。

「買い手は、潜在的に売り手のことを警戒している。だから価格だけを示されても、それが本当に最低価格なのか分からない。しかし、**売り手から何か新しい条件が加えられることで、その価格が最低に近いものであると認識する**」

つまり、新たな条件が加えられるくらいだから、売り手もかなり頑張ってくれている、と買い手は思うというわけだ。

あなたも価格交渉で金額を譲歩する時、何か「新しいお願い」をプラスしてみよう。

身元の分かる被害者効果

あなたが、クラウドファウンディング等で、世の中に向けて寄付を求める文章を書くことになったとする。そんな時に覚えておきたいのが以下の心理学実験だ。

ペンシルベニア大学スモール教授らは、依頼文の違いで、人の寄付行動がどう変わるかを調べた。

被験者たちは、あらかじめ架空のアンケートへの協力で5ドルの報酬を得た後、「セーブ・ザ・チルドレン」への寄付の依頼文と封筒を手渡される。依頼文は以下のA、Bのタイプがあり、どちらかがランダムに被験者に手渡された。

A

・マラウイの食料難は、300万人以上の子どもに影響を与えている。

・ザンビアでは、深刻な降雨不足により、2000年からトウモロコシの生産が42%減少。その結果、推定300万人のザンビア人が飢饉に直面している。
・アンゴラでは人口の3分の1である400万人が家を追われた。
・エチオピアでは、1100万人以上の人々が、緊急食糧援助を必要としている。

B

寄付金は、すべてロキアに渡されます。彼女はアフリカのマリに住む7歳の少女です。ロキアは、とても貧しく深刻な飢えに直面しています。あなたの寄付があれば、彼女の生活はもっとよくなります。

セーブ・ザ・チルドレンは、あなたの支援と他の支援者たちにより、ロキアの家族や地域の人々と協力しながら、彼女の食事、教育、基本的な医療と衛生教育を支援します。

（ロキアの写真）

被験者は、どちらか一方の依頼文を受け取った後、一人にされた。そして寄付をするかどうかを決め、寄付する場合は封筒にお金を入れて研究者に渡して退室した。

さて、どんな結果になっただろう？

おそらく、あなたが予想した通りだ。Aの依頼文の平均は1・14ドル。Bの依頼文の平均は2・38ドル。統計的な文面を読むよりも、一人の少女の物語を読んだ方が2倍以上も多く寄付が集まったのだ。

理性的に考えれば、ロキアの悲劇は氷山の一角に過ぎない。Aの依頼文に書かれている事実の方がずっと深刻なはずだ。

しかし、大きすぎる数の悲劇には、人は感情が追いつかず共感がどんどん薄れていく。それに対して、一人の悲劇に絞ったストーリーには、多くの人が共感できるのだ。

この心理は「**身元の分かる被害者効果（identifiable victim effect）**」と名付けられている。あなたも何か大きな社会問題について文章を書く時には、大きな数字の統計を示すよりも、たった一人のストーリーに焦点を当てて文章を書く方がいい。人の心を動かせる可能性が高いからだ。

この実験にはまだ続きがある。

同じ設定で、新たにAB両方の依頼文を読んでもらったCグループでも実験した。

スモール教授らは、以下のように考えたのだ。
「統計とストーリーが組み合わされば寄付はもっと増えるはず」
しかし予想は見事に覆された。
両方の依頼文を読んだＣグループは平均１・43ドルの寄付しかしなかった。
１・14ドルのＡよりは多いが、２・38ドルのＢよりははるかに少ない。
つまりこういうことだ。
統計の数字を見せられたことで、ロキアへの感情移入さえも冷めてしまったのだ。

使い道可視化効果

あなたが、何か予算を獲得しなければならない時のことを想像してほしい。文章で申請書を書くとする。どうすれば予算を獲得しやすくなるだろう？ セントルイス・ワシントン大学のシンシア・クライダーらの実験が参考になる。クライダーらは参加者を3グループに分け、文章の違いによって、集まる金額にどれだけ差が出るかを実験した。オンライン上で読ませた文章はそれぞれ以下の通り。

A　オックスファム・インターナショナルは、世界で最も実績のある援助機関の1つです。オックスファムは、世界中の人々に幅広い人道支援を提供しています。オックスファムへの寄付を求められた場合、いくら寄付しますか？（一般的な慈善条件）

B　Aの文章＋尚、寄付金は、たとえば、人々がきれいを水を利用できるように使われます。（使い道を可視化①）

Ｃ　Ａの文章＋ 尚、寄付金は、たとえば、人々がペットボトルの水を利用できるように使われます。（使い道の可視化②）

文章の違いはごくわずかだ。ＡとＢ、Ｃの違いは、寄付金の使い道が少し書いてあるだけ。しかし結果は、大きな差が出た。Ａの寄付金の平均が７・54ドルだったのに比べて、Ｂの寄付金は平均10・25ドルだった。たった1行、使い道を可視化する文章を書いただけで、30％以上寄付が増えたのだ。ならば、より具体的な使い道を書いたＣはどうだっただろう？　寄付の平均は６・95ドル。なんとＡよりも低かったのだ。

これは「きれいな水」という使い道は納得できても、「ペットボトルの水」では、イメージが湧かず納得しにくいからだと考えられる。その結果、使い道を付け加えない方がマシというレベルまで落ち込んだのだ。

この結果を踏まえ、あなたが予算を獲得したい時の文章で注意すべきことは以下の２点だ。

①予算の使い道をきちんと可視化する
②イメージがしやすく納得できる使い道かどうかを検証する

鬼100則 90

責任認め効果

あなたの会社が何かしら不祥事を起こしたとする。もしくは極端に業績が悪かったとする。その報告をするリリースをあなたが書くことになった。

どうすれば炎上や非難を免れる可能性が高くなるだろうか？

ミシガン大学のフィオナ・リーらは、それを確かめるために、架空の会社の「年次報告書（昨年度の業績不振の原因を説明したもの）」をAＢの2種類用意し、227名の大学生を2つのグループに分けてそれぞれを読ませた。

A　本年度における予想外の減収の理由は、主に、当社が昨年度に下した戦略的判断によるものである。（中略）また経営陣は国内外の要因から生じた不測の事態に対して準備が十分でなかった。

B　本年度の減収は、主に国内外における景気の予想外の悪化と、国際競争の激化によるものである。（中略）これらの予想外の状況は、連邦政府の法律が原因であり、当社が制御できない問題であった。

Aは、本年度の減収を自社の責任であると、間違いを認めるというもの。

Bは、外部環境のせいにして、自らの責任は認めないというもの。

すると、報告書Aを読んだグループの方が、多くの点でその会社に好感を持つことが分かった。つまり、**自社の責任をきちんと認めた企業の方が好感度が高かった**のだ。

これは、さまざまな不祥事の会見などを見ていても明らかだろう。最初にきちんと謝り、原因を解明する約束をし、今後二度と起らないように語った場合は、それほど非難されない。責任逃れをして、外部環境のせいにした時に炎上する。

報告書には正直に自分の非を認め、なぜ起こったか、今後どういう対策を立てるのかを真摯に書いた方がいい。サービス業においては、何かミスや不手際があった時こそ、むしろチャンス。それをきちんと謝って、新たなサービスをすることでロイヤルカスタマーになってくれることが多いからだ。

第5章

Theory
～鬼法則～

一番大事なことは、自分にしか書けないことを、誰にでもわかる文章で書くということ。

井上ひさし

完璧な文章などといったものは存在しない。完璧な絶望が存在しないようにね。

村上春樹

オリジナリティな文章にマジックはない。見たこと、聞いたこと、思い出したことを取り上げて、それに自分自身を加えて書くだけのことである。

ハル・ステビンズ

鬼100則 91

PREP（プレップ）法

第五章では、「働く文章」を書くのに役立つ「法則」を紹介していく。書きたい内容をこれらのフレームにあてはめていけば、自然に人の感情が動く構成になるものを選んだ。まずは「PREP法」。コンパクトに論理的な文章を書く際に使える。

Point Reason Example Point の頭文字を取ったもので、以下の構成になっている。

「PREP法」構成

P　冒頭で「私はこう考える」などの要点（結論・主張）を示す
R　なぜそうなのかの理由を説明する
E　理由に至った具体的な実例（エピソード・データなど）を描写する
P　もう一度、要点（結論・主張）をまとめる

最初に要点を書くことで、書き手が言いたいことが一瞬で読み手に伝わる。よって「何が言いたいのか分からない」というストレスがかからない。次に理由を書くことで、なぜ書き手がその要点に至ったかが分かる。さらに、実例（エピソード・データ）が描写されることで、その要点や理由に説得力が増す。最後にもう一度、要点を書くことで、書き手が言いたいことを再確認できるのだ。

たとえば「ＰＲＥＰ法が論理的な文章を書く時に使える」という主張を、ＰＲＥＰ法でその骨子を組み立てると以下のようになる。

Ｐ　論理的な文章を書く時にはＰＲＥＰ法が使える。

Ｒ　なぜなら最初に要点（結論・主張）が書かれているので、何が言いたいかがすぐ分かり、読んでいてイライラしないからだ。

Ｅ　実際に、同じテーマを設定して、100人の学生に「①自由に文章を書く」「②ＰＲＥＰ法に沿って書く」という2パターンで小論文を書いてもらった。すると80％以上の学生で後者の小論文の方が読みやすくなった。

Ｐ　以上のことから、論理的な文章を書く時にはＰＲＥＰ法が使える。

iFABE（アイフェブ）法

プレゼンの提案コンセプトを作る時、FEBE法という有名なフレームがある。
それを私が改良したものが「iFABE法」だ。

「iFABE法」構成

i　インサイト（本音）
　こんなこと思ってませんか？（本音の代弁）
F　ファクト&メリット（特徴）
　商品の特徴をひと言で表現すると○○です。
A　アドバンテージ（優位性）
　他社よりこんなところが優れています。
B　ベネフィット（＋負のベネフィット）

採用するとこんな「得すること」「うれしいこと」があります。

採用しなかったらこんな「損すること」があります。

E　エビデンス（実績）
これだけの実績があります。こんなところでこんな成果が上がっています。


冒頭にインサイトを入れることで、プレゼンだけでなく、提案書や営業トークなどのより幅広い場面で応用の効くフレームになっている。

たとえば、あなたが「営業支援システム」という商品を得意先の企業に売ろうとしているとする。この商品の特徴は「各営業マンの案件の進捗を可視化し、そのノウハウを全員に共有できる」だ。ｉＦＡＢＥ法を使って、提案書を作ることを考えよう。

あなたが最初にやるべきことは、得意先の決定者のインサイトを想像することだ。

たとえば、以下のような。

得意先の決定者のインサイト
・同じ商品なのに、なぜ営業マンによってこんなに数字に差があるんだろう？

・トップ営業マンのノウハウはブラックボックスになっている。
・トップ営業マンのノウハウが共有されたらいいのに。

このようなインサイトから、たとえば、得意先の決定権者に訴えるベネフィットを以下のようにすることにしたとしよう。

「トップ営業のノウハウが全営業マンに共有されると、売上が大幅に上がる」

そこで、iFABE法にあてはめていくのだ。たとえば以下のような提案書の骨子ができあがる。

i　インサイト

「同じ商品なのに、なぜ営業マンによって数字に大きな差があるんだろう？　トップ営業マンのノウハウが全営業マンに共有されたらいいのに」と思っていませんか？

F　ファクト&メリット

当社の営業支援システムは「各営業マンの案件の進捗を可視化し、そのノウハウを全員が共有できる」というものです。

A　アドバンテージ
トップ営業マンのノウハウを可視化する精度は、当社独自のもので他社には絶対にマネできないものです。

B　ベネフィット（＋負のベネフィット）
全営業マンがトップ営業マンほど売ったとしたら御社の売上はどれくらいになるでしょう？　現状のままだとどれだけ損をしているでしょう？　当社の試算では……

E　エビデンス
東証一部上場企業62社で導入実績。
あのA社でも採用が決まり、大きな成果が上がっています。

インサイトやそこから導き出したベネフィットが間違っていなければ、読み手の心の流れに沿った構成になっているので、興味を持ってもらいやすくなることが分かるだろう。

ヘーゲルの弁証法

19世紀のドイツの哲学者ヘーゲルが提唱した「弁証法」も、論理的な文章を書く時に使えるフレームである。特に対立する物事から新しい見識を見い出す際には最適だ。構成は非常にシンプルで、以下の通り。

「ヘーゲルの弁証法」構成

①冒頭に「自分の意見（仮）」を述べる
②その意見について否定もしくは、想定される反論をする
③反論を組み入れたより高い次元の「自分の意見（真）」を展開する

ヘーゲルは、①＝テーゼ（正）②＝アンチテーゼ（反）③＝合（ジンテーゼ）と名付けた。
また②から③に次元が変わることをアウフヘーベン（止揚）と呼ぶ。

特に話題になっているニュースなどについて「自分の意見」を書く時には有効だ。仮の「自分の意見」への反論も取り入れるので、より多くの読み手が納得しやすくなるからだ。たとえば、あなたが「温暖化ガスの排出問題」について何か意見を述べるとする。ヘーゲルの弁証法に基づいて意見を考えてみよう。

①火力発電や自動車によるCO_2排出を強く規制し、早急にカーボンゼロを実現する必要がある。このままだと地球温暖化は加速し、大変な自然災害を引き起こす原因になるからだ。（仮の意見）

②しかし実際問題として我々は大量のCO_2を排出する電気を使っている。自動車は便利で手放すことができない人も多い。多くの企業はCO_2を排出することで事業を継続できている。規制によって多くの企業が立ちゆかなくなると経済が破綻し、我々も生活ができなくなる。（反論）

③積極的にCO_2の排出を規制することで、新たな技術革新を創出し産業構造や経済社会を変革することも可能ではないか？　そのためには、まず家庭の電気を自然エネルギー由来に変え、割高でも電気自動車を購入するなど、個人の意識変革が必要である。（真の意見）

このように（正）↓（反）↓（合）の流れで組み立てると、自分の意見が述べやすいことが分かるだろう。

お悩み問いかけ法

あなたが自分が扱っている商品・サービス・企画を売ろうとする時の基本フォーマットが「お悩み問いかけ法」だ。簡単に言うと、「こんな悩みはありませんか?」と問いかけて、「その悩みにはこんな商品がありますよ」と提案する方法だ。

人間はいろいろな悩みを持っている。健康問題やコンプレックスなど自分の体の悩み。お金、対人関係、老後などの個人的な悩み。会社の中での事業発展や効率化に関する悩み。「どう生きるべきか?」など哲学的なものまで悩みは尽きない。まったく何も悩みを持っていない人はまずいないだろう。

その悩みが解決できる商品・サービス・企画であれば、買いたいと思ってもらえる可能性は高い。具体的な構成は以下のようになる。

「お悩み問いかけ法」構成

①悩みを問いかけ
　こんなお悩み抱えてませんか？
②相手の気持ちに共感
　そんな悩みがあると大変ですよね。よく分かります。
③悩みの理由を公開
　その悩みが生まれる原因は実は〇〇なんです。
④放置することへの警告
　このまま放っておくと大変なことになる可能性がありますよ。
⑤悩みを解決する手段を提示
　その悩み、実はこういう手段で解決できるんです。
⑥この商品を使うと簡単ですよという提案
　当社が提供する商品によって⑤の手段が容易に手に入るようになりました。

あなたが提供する商品やサービスが、悩みをバッチリ解決できる商品であれば、このフォーマットで文章を組み立てるだけでも効果は高くなる。

鬼100則 95

「現在過去未来」法

あなたが自身のプロフィールを書くとする。その時に覚えておきたいのが、この「現在過去未来」法だ。就活や転職などの書類ではもちろん、ブログ・ＳＮＳ・書籍などのプロフィールでも使える。

特に、あなたのことを何者か知らない人に向けて、その存在を強くアピールしたい時に有効である。このフォーマットを使うことで、あなたが本来持っている価値を分かりやすく示すことができるようになるからだ。具体的には以下のような構成である。

「現在過去未来法」構成

①今やっている仕事や取り組んでいる活動について語る（現在）
②それをなぜやろうとしたのかきっかけになる出来事を語る（過去）
③将来どんな高い目標に向かって進んでいきたいかを語る（未来）

一般的にプロフィールは「過去→現在」と時系列に書いてしまいがちだ。

しかしこれでは、相手の気持ちをツカむことができない。よほどの事件でもない限り、読み手はあなたの過去には興味を持たないからだ。

まず現在の活動を語る。そしてなぜその活動を始めたかという過去のきっかけを書く。現在に紐付いているからこそ、その過去に意味が生まれるからだ。

そして未来について書く。今の活動をこんな風に広げていきたいという目標だ。この時、社会を意識した「大義」を掲げるとさらに効果が高い。

達成していない未来の目標を描くことで、現在の自分が「欠落した存在」になるので、ストーリーの黄金律の主人公になることもできる。つまり、読み手の共感を得られるプロフィールになる可能性が高くなるのだ。

ちなみに、本書の著者プロフィールでは、この手法を使っていない。

なぜなら、本書の目的が私の名前を売ることではないからだ。そんな時は、本のテーマについて語るに足りる人物であるという実績だけを示せばいい。

鬼100則 96

過去の秘密開示法

過去のネガティブな秘密を告白することで、自分が提供する商品やサービスなどを売り込む時に有効なフォーマットがある。

それが「過去の秘密開示法」だ。

その構成は以下のようなものだ。

「過去の秘密公開法」構成

①冒頭で書き手の過去のネガティブな秘密を告白する
②そんな自分が今は過去を克服して輝くまでの物語を語る
③「同じように克服したいのであればこんな商品がありますよ」という提案

人間は秘密を打ち明けられると、自分もバリアを取り除いて相手を信用する傾向がある。

その性質を利用して、冒頭でまず書き手であるあなた自身の過去の秘密をオープンにするのだ。

その秘密はネガティブなものでなければならない。「実は私はこんなダメな人間だったんです」「私はこんな大きな失敗を犯しました」などといった風に。

ポジティブなものであればただの自慢になってしまうからだ。

ただし、当然ながらネガティブな過去や失敗を語るだけではダメだ。過去や失敗を克服して現在のあなたが輝いていなければ、誰もあなたが売る商品・サービスに興味を持たないであろう。

過去のネガティブさと、現在のポジティブさのギャップがあればあるほど、そこにストーリーが生まれる。

あなたがいろいろな障害・葛藤・敵対する者を乗り越えてきた姿を魅せることで、「ストーリーの黄金律」の主人公になることができるのだ。

すると読み手は知らず知らずのうちにあなたに共感してしまう。

商品の販売ではなく、自身のストーリーを語る場合は③の部分は必要ない。未来に向けてさらに高い目標を掲げて進んでいく姿を語ればいい。

鬼100則 97

衝撃的なデータ提示法

文章の冒頭で、自分とかかわりがある衝撃的なデータを提示されると、その内容を読まずにはいられなくなる。

この手法は、あなたが自分の主張に耳を傾けてほしい時はもちろん、商品やサービスを売る時にも効果を発揮する。その構成は以下の通りだ。

「衝撃的なデータ提示法」構成

①冒頭でショッキングなデータを提示する

②そのデータを論拠に「このまま放っておくと不幸な未来が待ってますよ」と提言する

③「不幸な未来を回避するためには、今、何をしないといけないのか」を提示する

④（商品を売る場合は）「そのためにぴったりの商品がありますよ」という提案

たとえば、あなたが「子どもたちの食の問題」についての文章を書くとする。

まずそのテーマに関連するショッキングなデータを探すことから始めよう。子どもを持つ親だとしたら、どんなデータを提示されたら、行動を起こす気になるかを考えるのだ。

当然だが正しいデータでなければならない。そして探し出したデータを冒頭で提示しよう。子どもを持つ親などは関心を示す可能性が高いだろう。すると当然、中身をきちんと読む確率は上がる。その上で「このまま放っておくと不幸な未来が待っていると提示する」ことで、読み手の行動に結びつけるのだ。

話し言葉であるが、イギリスの有名シェフであるジェイミー・オリバーは、ＴＥＤトークのプレゼンテーションでまさにこの手法を用いている。

冒頭で以下の衝撃的なデータを提示したのだ。

「これから話をする18分間で４人のアメリカ人が死にます。食べ物が原因で」

このプレゼンのテーマは「子ども達に食の教育を」というものだった。冒頭の衝撃的なデータで心をツカまれた聴衆は、ジェイミーの主張を食い入るように聞いた。

セールスにおいてこの手法を利用する時には、そこからあなたが提供する商品やサービスに結びつければいい。

鬼100則 98

冒頭謝罪法

タイトルや冒頭でまず謝るという、やや飛び道具的な手法だ。読み手にとって、冒頭で謝られるのは意外な展開だ。「なんだろう?」と興味を惹かれる。特にセールスレターなどでは有効だ。構成は以下の通りである。

「冒頭謝罪法」構成

①タイトルや冒頭でまず謝罪する
②謝罪の理由を語る
③でも「それにもましてこんな長所があります」と解説
④「欠点を承知の上でぜひお買い求めください」という提案

謝罪の理由はなんでもいい。以下のようなものが考えられる。

・商品名が正確ではない
・商品に何かしらの短所がある
・商品が売れすぎて品切れ中である
・発売するまで長い時間待たせた

たとえば、本書の「まえがき」でこの手法を使うとすれば、以下のように。

「『文章の鬼１００則』というタイトルだけを見て買ってしまった人はごめんなさい！　文章の基本のキである『てにをは』『接続詞』『主語と述語の位置』などについてまったく書かれていません。そんな知識を知りたかった方は他の文章術の本を読んでください」

読み手は「売り手は長所しか訴求しないものだ」と思っているので、冒頭で謝ってデメリットを開示することで興味を抱く。

そして「謝罪の理由」「それ以上に長所がある」「欠点を承知の上にお買い求めください」という順序でうまく語ると、書き手のことを信頼できそうな気になる。

鬼100則 99

魂の叫び法

想像してほしい。

街頭で誰かの叫び声が聞こえてきたとする。あなたはどうするだろう？　よほどのことがない限り、声がした方を見てしまうのではないだろうか？

文章も同じだ。冒頭で何かを大きな声で叫ばれるとついつい注目してしまう。

この手法は、文章の冒頭で、魂の叫びのような声をあげて、読者の興味を抱かせるというものである。前項に続いて、ややトリッキーな方法だ。

あなたが自分の主張に耳を傾けてほしい時はもちろん、商品やサービスを売る時にも効果を発揮する。特にＥＣサイトやチラシなどのコピーでは使える。

その構成は以下の通りだ。

「魂の叫び法」構成

①冒頭で書き手の魂の叫びを書く。
②そんな声をあげさせた原因について書く（セールスレターの場合は商品を紹介）
③自分の意見

たとえば、本書『文章の鬼100則』を薦める記事を書くとしたら、冒頭に以下のような叫びから入るイメージだ。

「なんじゃ～この本は！　この鬼100則を実行したら、ほんまに働く文章が書けてしまうがな！」

「魂の叫び」の部分は、やや乱暴な言葉であったり、方言であったり、かしこまらない方が注目を集めやすい。その後、なぜそんな「魂の叫び」を上げたかの理由を書く。
販売に繋げたい場合は、そこから商品紹介をしていけばいい。

未来のハッピー提示法

冒頭で、読み手にとってワクワクするような「未来のハッピーな姿」を提示するという文章フォーマットだ。

商品やサービスの販売はもとより、人間の行動を変えたい時に使える。人はワクワクするような「未来のハッピーな姿」を提示されると「そうなったらいいな」と思うものだ。それが自分の理想の姿であればなおさらだ。

このフォーマットは、読み手が行動（購買）することで得られる「未来のハッピー」を先取りして伝えるというものだ。つまり読み手のとってのベネフィットを分かりやすく伝えているに他ならない。

構成は以下の通りだ。

「未来のハッピー想像法」構成

①「こんな未来が実現するとハッピーですよね」と確認する
②もし実現したら、こんないいこともあんないこともありますよ」という例をあげる
③そんな未来が実現するためには、いま、「何をしないといけないのか」を提示する
④（商品を売る場合）「そのためにぴったりの商品がありますよ」という提案
（行動を変えたい場合）「いますぐ行動に移してください」という提案

たとえば、本書の「はじめに」でこの手法を使うとすれば、以下のような構成にするというイメージだ。
①あなたが書く文章が勝手に働いてくれたらうれしくないだろうか？
②もし実現できたら、あなたが眠っている間にもお金を稼いでくれる。
③実現するためには、「働く文章」を書くための前提・原則・技術・心理・法則を知っておく必要がある。
④『文章の鬼100則』を読み、少しでも実行していけば、時間はかかるが「働く文章」を書けるようになるはずだ。今すぐ、本を買って読んでほしい。

あなたも、この構成でセールスレターを書いてみよう。

第五章では、いろいろな文章の法則を見てきた。

法則はあくまで、「働く文章」を書くための道案内だと思ってほしい。

ただ機械的にあてはめるだけでなく、そのフレームに沿いつつ、それぞれにきちんと気を入れて書くことが重要だ。そうすることで初めて、あなたが書く文章は、あなたが思うように働いてくれるようになる。


さて、これで、私からの「鬼１００則」は終わりだ。

しかし、あなたにとっては、ここからが本当の始まりだ。

本を読むだけで終わりにせず、ぜひ実際に書き始めてほしい。知っていることと、実際に自分ができることの間には大きな隔たりがある。

そして実践してみた後に、もう一度この本に戻ってきてほしい。きっと最初に読んだ時よりも「なるほどこういうことか」という発見がいくつも見つかるはずだ。

その時にもう一度会えることを祈っている。

参考図書・文献

エーリッヒ・フロム『愛するということ』紀伊國屋書店（2020）
ディビット・オグルヴィ『売る広告』海と月社（2010）
ダン・ケネディ『究極のセールスレター』東洋経済新報社（2007）
ジョセフ・シュガーマン『10倍売る人の文章術』ＰＨＰ出版（2006）
デール・カーネーギー『人を動かす』創元社（1999）
サイモン・シネック『ｗｈｙから始めよ』日本経済新聞出版（2012）
ロバート・チャルディーニ『影響力の武器［第三版］』誠信書房（2014）
ダン アリエリー『予想通り不合理：行動経済学が明かす「あなたがそれを選ぶわけ」』早川書房（2013）
川上徹也『臆病ネコの文章教室』ＳＢクリエイティブ（2020）
川上徹也『一言力』幻冬舎（2016）
川上徹也『川上から始めよ』筑摩書房（2019）
川上徹也『1行バカ売れ』ＫＡＤＯＫＡＷＡ（2015）
川上徹也『キャッチコピー力の基本』日本実業出版社（2010）
川上徹也『強い文章力養成講座』ダイヤモンド社（2014）

Nolan,J.M.,Schultz,P.W.,Cialdini,R.B.,Goldstein,N.J.,& Griskevicius,V. (2008).Normative social influence is underdetected. Personality and social psychology bulletin, 34(7), 913–923.

Cialdini, R., & Schultz, W. (2004). Understanding and motivating energy conservation via social norms. Project report prepared for the William andFlora Hewlett Foundation.

Martin SJ, Bassi S, Dunbar-Rees R.(2012). Commitments, norms andcustard creams: a social influence approach to reducing did not attends(DNAs). Journal of the Royal Society of Medicine 2012, 105(3): 101-104.

Keller, P. Anand, B. Harlam, G. Loewenstein, and K. Volpp (2011), " Enhanced Active Choice: A New Method to Motivate Behavior Change," Journal of Consumer Psychology, 21, 4, 376–383.

Garner.R(2005) Post-It Note Persuasion:A Sticky Influence. Journal ofConsumer Psychology, 15(3), 230–237

Small, D. A., Loewenstein, G., & Slovic, P. (2007).Sympathy and callousness: The impact of deliberativethought on donations to identifiable and statistical vic-tims. Organizational Behavior and Human Decision Processes 102 143–153

Cryder, C. E., Loewenstein, G., & Scheines, R. (2013). The donor is in the details. Organizational Behavior and Human Decision Processes, 120(1), 15–23.

■著者略歴

川上徹也（かわかみ・てつや）
コピーライター。
湘南ストーリーブランディング研究所代表。

大阪大学人間科学部卒業後、大手広告代理店勤務を経て独立。数多くのプロジェクトに携わる中で「働く文章」という武器を手に入れる。
東京コピーライターズクラブ新人賞、フジサンケイグループ広告大賞制作者賞、広告電通賞、ACC賞など受賞歴多数。
中でも、企業や団体の「理念」を1行に凝縮して旗印として掲げる「川上コピー」が得意分野。
社会人向けの「文章講座」は、「コピーライティングの方法論」と「心理学の知見」を融合させたオリジナルのメソッドで、わかりやすく結果が出ると人気。製造・小売・金融・サービス・ITシステムなどさまざまな業種の大手企業から、社員向けライティング研修の依頼が後を絶たない。

著書は『物を売るバカ』『1行バカ売れ』（角川新書）、『キャッチコピー力の基本』（日本実業出版社）、『ザ・殺し文句』（新潮新書）、『一言力』（幻冬舎）、『一冊のノートがあなたの言葉を育てる』（朝日新聞出版社）など累計60万部突破。海外（台湾・中国・韓国）にも19冊が翻訳されている。

川上徹也公式サイト
http://kawatetu.info/
メルマガ「旗をかかげ生きよう」
http://www.bshonin.com/hataiki/

本書の内容に関するお問い合わせは弊社HPからお願いいたします。

文章《ぶんしょう》の鬼《おに》 100 則《そく》

2021年　4月　26日　初版発行

著　者　川《かわ》上《かみ》徹《てつ》也《や》
発行者　石野栄一

明日香出版社
〒112-0005 東京都文京区水道 2-11-5
電話 (03) 5395-7650（代 表）
(03) 5395-7654（FAX）
郵便振替 00150-6-183481
https://www.asuka-g.co.jp

■スタッフ■ BP事業部　久松圭祐／藤田知子／藤本さやか／田中裕也／朝倉優梨奈／竹中初音
BS事業部　渡辺久夫／奥本達哉／横尾一樹／関山美保子

印刷　美研プリンティング株式会社
製本　根本製本株式会社
ISBN 978-4-7569-2141-3 C0036

編集担当　朝倉優梨奈

ISBN　978-4-7569-2069-0

「すぐやる」思考法

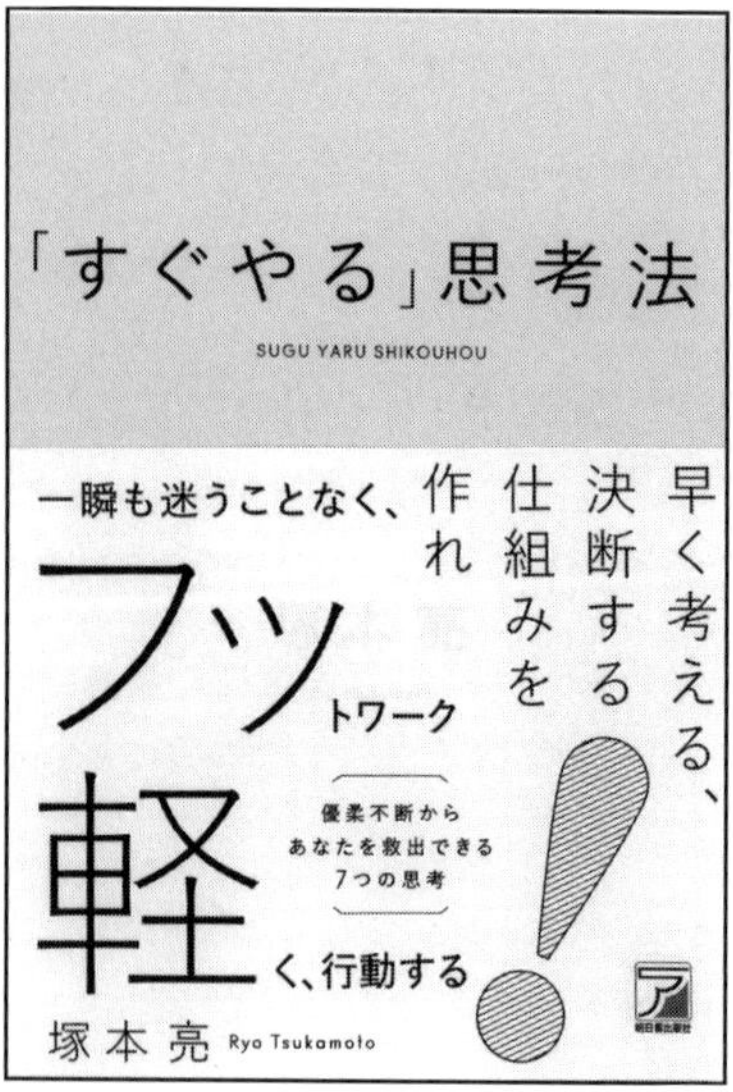

塚本 亮著

B6並製　248ページ
本体価格　1,400円＋税

すぐに行動に移せるのは、「思考」の軸を持っているから。すぐやる人はできる・できないで判断せず、「どうやるか」を様々な視点から考える。

7つの思考を身につけることで、スピーディーに考え決断する仕組みができる！